園藝治療與長者服務
——種出身心好健康

馮婉儀、郭翰琛　編著

 推薦序一

Paula Diane Relf
PhD, HTM
Professor Emeritus, Virginia Tech University
Fellow, American Society for Horticultural Science
Co-founder and Past President NCTRH (AHTA)
Founder and Past Chair IPPC/IPPS
2019 Japanese Society of People-Plant Relationship Grand Award

Having been involved in gardening as a therapeutic activity for most of my 75 years, I understand the great importance of books such as *Flourish with Gardening–Horticultural Therapy and Elderly Services* to advance the profession Horticulture Therapy and encourage the wide spread application of horticulture as a therapeutic tool. In the 50's as a child, I used gardening as my therapy without conscious realization, to manage my emotions; in the 60's I got a degree in horticulture; in 1970 I went on to study a then non-existent field and received the first MS and PhD in Horticulture studying its therapeutic benefits; and, 1976 became a University Professor teaching others and helping to organize cooperation among those who understood the power of gardening to heal.

As a child, if I was very angry at my brother, I would trim the long privet hedge along our house. If I was very worried about a test, I would make cuttings in our little greenhouse. If I was overwhelmed by the arguing in the house, I would go outside and sit in the garden or under a tree to read. I spent many hours working in the flowerbeds to create beauty in the middle of chaos. I escaped into another world of life - giving calm and creation. I never considered gardening as "self-treatment" or thought of its potential for helping others. Then in 1962 I discovered horticulture as a volunteer activity to help others in the book Therapy through Horticulture by Alice Burlingame and Donald Watson. This planted the seed of an idea that perhaps this could be a career area for me and others rather than exclusively a volunteer effort of florists and garden clubs.

In 1970 with an extensive survey of the literature, I identified 20 articles in the United States from programs using horticulture as therapy with most stating they were the only one in the world doing it. Throughout the 1960's and 70's, the need for near-by nature was beginning to be recognized by both the public, a few health-related facilities, and researchers in environmental psychology and other fields. In 1972, Rhea McCandliss and Karl Menninger started a degree program at Kansas State University and in 1973 a group of us in Maryland formed the National Council of Therapy and Rehabilitation through Horticulture (later AHTA). Popular articles extolled the value of horticulture as therapy; conferences showed the positive smiles from the clients. But still little was written or published about the efficacy of HT based on professional observation and research.

In the ensuing 50 years, great numbers of articles both popular and research based have been written. However, most of these articles focus on the experience of being in nature or Biophilia (Wilson). There is still a great need for research and writing on efficacy and methodology in the area of Hortophilia (Sacks) or the innate need to cultivate plants, which is the core of Horticultural Therapy. A gardener can maintain a landscape that will be intrinsically healing to the client experiencing it, but it requires a trained person (HT/TH) to bring the therapeutic value of nurturing the life of plants to a client.

That is why this book is so important. It looks at research and experiences by professionals in the application of horticulture in a therapeutic setting. It brings the world one step closer to a professional standard to meet the medical model of Evidence Based Practice. This book and others like it that will be produced by the joint efforts of professionals in the field of Horticultural Therapy are critical to the advancement of the profession of horticultural therapy, and to the integration of horticulture as a healing tool for application in many settings. The advances in understanding and the knowledge organized in this book can be used first to train the HT professionals who in turn can lead programs and conduct training of professionals from diverse therapeutic areas to implement gardening activities as part of their treatment plans. They can also train volunteers to assist professional to advance the use of horticulture to meet the needs of many people in therapeutic and rehabilitation settings.

The leadership of the book's editors, Yuen-Yee Connie Fung and Hon-Sum Kwok, give further strength to the value of the book. Connie Fung, recipient of the AHTA Rhea McCandliss Professional Service Award, has maintained her awareness of HT worldwide through her ongoing training in the USA and Canada; her registration as HTR with AHTA; and her work with peers in other countries. By gaining international insight and understanding in HT, she can better maintain the professional level that is important in HT development worldwide while adapting training and registration to the laws and values of her country. Her ability to work with professionals from other fields in conducting research on HT is another important contribution to the advancement of HT as a profession.

Likewise, her leadership and efforts in conducting research add to the value of the book. The success of one group of researchers she works with is demonstrated by their receipt of the 2019 Charles A. Lewis Excellence in Research Award of AHTA for the paper: Effects of Horticulture on Frail and Prefrail Nursing Home Residents: A Randomized Controlled Trial. Lai C.K.Y., Kwan R.Y.C., Lo S.K.L., Fung C.Y.Y., Lau J.K.H., Tse M.M.Y. (2018). *Journal of the American Medical Directors Association, 19* (8), pp. 696-702. This paper demonstrated quality research developed in collaboration with diverse professionals and shared with professionals from other fields. This is a critical element for advancing the accessibility of horticulture to help all people achieve a higher life quality. It was recognized for carrying us one step closer to achieving the goal of wide spread understanding of our need not only to be near nature but to interact with and care for the plants upon which our life depends.

In similar fashion, I believe that this book carries us still further toward a world made healthier through horticulture, gardening and sharing the love and nurturing of plants.

在我 75 年人生歲月中，以園藝作為一種治療活動佔據了我大部分時間，所以，我深明《園藝治療與長者服務——種出身心好健康》一書對於提升園藝治療專業及鼓勵將園藝廣泛地應用為一種治療工具，有着重要作用。1950 年代，當我還是個小孩時，我就自然地用園藝活動來管理疏導自己的情緒；1960 年代時我拿到了園藝學位；1970 年我開始鑽研一個當時尚未成形的領域——園藝的療效，並成為在

此領域考獲園藝碩士與園藝博士學位的第一人。直到 1976 年，我當上了大學講師，致力教授相關知識及協助各個相信園藝帶來治癒能力的人士團結起來。

　　童年時，如果我很生我兄弟的氣，我便會去修剪我家周圍的水蠟樹。若我擔心學校測驗，便走進溫室給植物扦插。當我受不了家裏的吵鬧，便走到外邊花園坐一坐或於樹下看書。每當我狀態混亂時，都會利用大部分時間在花圃工作，使它變美；我逃離到另一個充滿生命的世界，它予我安寧、讓我創造。我從來沒想過園藝可以帶來「自我治療」或幫助別人的可能性。直到 1962 年，我發現了由愛麗絲·伯靈格姆和唐納德·華生合著的《園藝作為治療用途》，這是一本關於在義務工作中透過園藝活動幫助他人的書。這顆園藝治療種子就此埋在我心，園藝治療不僅是花藝師或花園俱樂部的義務工作，或許也可以成為我或別人的職業。

　　於 1970 年時，我做了一項相當廣泛的文獻調查，發現有 20 篇美國的文章提及園藝作為治療的方案，而大部分作者聲稱自己是世界上唯一推行此種治療的人。1960 年代至 1970 年代期間，不論社會大眾、少數保健機構以及環境心理學和其他領域的研究人員，均開始認同我們對周遭的自然景物的需要。1972 年，蕾亞·麥肯迪尼斯和卡爾·梅寧傑於肯薩斯州立大學設立園藝治療大學學位課程；我和一班志同道合的人則於 1973 年在馬里蘭州成立美國園藝治療學會（後來改名為美國園藝治療協會）。當時，已有一些坊間文章讚揚園藝作為治療方式的價值，研討會上亦可以看到服務對象的歡樂笑容。然而，卻少有基於專業研究和觀察刊登的探討園藝治療有效性的文章。

　　隨後 50 年間，大量的普及文章及研究論文出現。但它們大部分將焦點放在身處大自然的體驗或威爾森（Wilson）的「親生命」（Biophilia）假說之上。故此，仍然十分需要關於薩克斯（Sacks）的「親園藝」（Hortophilia），即人類對於栽種植物有與生俱來的渴求的研究及文章，從而去印證園藝治療的療效及方法，因為這些才是園藝治療的核心。一個園丁維持花園美景，自然可以為置身其中的人們帶來療癒感覺；但若要把培育植物生命的治療效益帶給服務對象，則我們需要的是一位經過專業訓練的園藝治療師。

　　由此可見《園藝治療與長者服務──種出身心好健康》的重要性。它既有學術研究的成果報道，更有專業團隊應用園藝治療的經驗。它可以讓世界進一步了解，園藝治療的專業水平是足以滿足要求「實證為本」的醫療模式。此書跟未來其他類似、皆由園藝治療專業人士合力撰寫的書籍一樣，對於園藝治療專業的提升、並把園藝融入成為治療工具而應用於各種機構設置是至關重要。此書的編排有助促進了

解及學習園藝治療知識，可以先將此書用作培訓園藝治療專業人士，使他們能夠帶領方案及教授不同治療領域的專業人士，從而將園藝活動應用於他們的治療計劃當中。園藝治療專業人士亦可以培訓義工，讓他們在治療及復康機構內協助各類專業人士，以此推動用園藝去滿足人們的需要。

除了諸位作者，本書之優異亦得力於馮婉儀和郭翰琛兩位主編。馮婉儀是美國園藝治療協會 2015 年蕾亞·麥肯迪尼斯專業服務獎獲得者，她負笈美加修習園藝治療的經歷、於美國園藝治療協會成為註冊園藝治療師，以及與不同國家的伙伴的合作，都讓她洞悉全球園藝治療的資訊。對於園藝治療的國際視野和了解，令其專業水平既能順應園藝治療的全球發展，又能按照自身地區的法規及價值，建立在地的培訓及註冊制度。此外，她致力於與其他領域的專業人士共同開展有關園藝治療的學術研究，這對提升園藝治療成為一個專業亦有很大貢獻。

同樣地，有賴馮婉儀的領導及努力而進行的學術研究，為此書增色不少。她和其中一個研究團隊的成功，可見於他們發表的一份園藝治療研究報告榮獲美國園藝治療協會 2019 年度查爾斯·劉易斯傑出研究獎。該研究報告題目為：「園藝治療對體弱長者之效益：隨機對照試驗」，研究成員包括 Lai C.K.Y.、Kwan R.Y.C.、Lo S.K.L.、Fung C.Y.Y.、Lau J.K.H.、Tse M.M.Y. (2018)，研究報告已刊登於國際老年醫學期刊 JAMDA，19(8)，696-702 頁。此報告展示了經由各範疇專業人士協作而成的高水平研究。這是一項關鍵要素，有助增加接觸園藝機會從而讓更多人擁有更優質生活。研究把我們向目標拉近，就是使大眾了解我們的需要不單是接近大自然，而是要接觸和好好呵護我們生命所依靠的——植物。

我相信此書讓大眾了解透過園藝、種植、分享對植物的關愛和培育，可以使我們進一步邁向更健康的世界。

Paula Diane Relf
哲學博士
註冊園藝治療大師
維吉尼亞理工學院暨州立大學榮譽教授
美國園藝科學協會會士
美國園藝治療學會（後稱為美國園藝治療協會）聯合
創始人及前主席
International People Plant Council/International
People Plant Symposium 創始人及前主席
2019 年日本「人間·植物關係學會」年度學會賞得主
（翻譯：梁淑群）

推薦序二

Matthew J. Wichrowski
MSW HTR
Senior Horticultural Therapist
Clinical Assistant Professor
Rehabilitation Medicine
Rusk Rehabilitation NYU Langone Health

There has been great interest lately in the benefits of nature regarding human health and well-being. Current research from different disciplines has supported a wide range of benefits for many different groups and ages. The field of Horticultural Therapy has developed rapidly with an aim to help alleviate some of society's woes. In Asia, horticultural therapy has burgeoned. In Hong Kong, HKATH, the Hong Kong Association of Therapeutic Horticulture has been growing steadily, providing therapeutic programs for many populations in need and developing training programs for the education of new therapists. Connie Fung, HKATH president, and her enthusiastic, hard-working team have also been engaged in research and development of texts to guide education and practice in this new field.

One of the areas that therapeutic horticulture has great potential to impact is working with the elderly. The percentage of the elderly population in many countries in the world has presented society with new challenges to meet. This is also true of Hong Kong and HKATH has developed a successful range of programming to meet the needs of the elderly. This text serves to educate the reader in understanding the needs of the elderly population in the context of the human lifespan and how to utilize therapeutic horticulture to benefit our elderly folks.

Along with providing an understanding of the aging process the authors devote chapters to work with the frail elderly and those who are coping with dementia. Programs for those living in their community as well as for those who may live in a residential home are covered. There is also a chapter which covers programming for caregivers, who also benefit from therapeutic activity in order to cope with the stresses of providing quality care for their loved ones or clients.

A specifically helpful feature of this text is its structure. The text is provided, but also included are research examples and illustrations of the group work. This provides a more thorough look at the topic, and ideas on how to accomplish quality horticultural work with the elderly population, a group most all of us will be members of one day.

While we can't stop the aging process we can develop and utilize practices that help age successfully. Therapeutic horticulture has the potential to positively impact quality of life in many ways for the aging. Connie Fung and her team have put together a useful text which supports and teaches how to encourage healthy practices for the elderly community.

I sincerely wish HKATH the best in their work.

近來很多人開始關注大自然對人類健康與福祉的好處。目前不同範疇的研究均支持大自然對各類族群及年齡能帶來廣泛的益處。園藝治療領域發展迅速，目的是有助紓緩社會上的一些困境。園藝治療在亞洲已經逐漸興起。在香港，香港園藝治療協會穩步成長，為多種有需要的族群提供治療性方案，並發展培訓計劃以培育新進治療師。馮婉儀女士，香港園藝治療協會會長，及她充滿熱誠和不斷努力的團隊，正致力從事園藝治療的研究、發展培訓及實務教材。

治療性園藝在「長者」這個族群中深具影響力。很多國家的長者所佔人口比例已引發社會新的挑戰。香港正面對同樣情況，香港園藝治療協會因此發展出一系列成功的園藝治療方案去滿足長者的種種需要。此書可引導讀者了解長者族群在生命歷程中的需要，以及如何利用治療性園藝讓老友記獲益。作者們於書中不同章節細說園藝治療應用於不同類別長者的治療方案，即應用於體弱長者、患有認知障礙症的長者、社區長者以及居於院舍的長者。還有一章節探討照顧者可以如何透過園藝治療活動紓緩壓力，從而為他們的摯愛或服務對象提供優質照顧服務。

此書特別之處是它的結構。書中既包括研究案例，也有小組活動的方案例子，讓讀者對主題有更全面的認識，同時提出種種關於為長者族群（有一天我們也會成為其中一分子）提供有質素的園藝活動的想法和建議。

縱使我們不能停止衰老過程，但我們仍可以學習及應用一些方法讓自己開開心心地老去。園藝治療於衰老過程中可以為多方面的生活質素帶來潛在的正面影響。馮婉儀女士及她的團隊共同製作此有用的書籍，從而支援及引導讀者如何於長者社群中推廣能促進健康的策略。

本人衷心祝願香港園藝治療協會工作順利。

紐約 2020 年 4 月 20 日

Matthew J. Wichrowski

社會工作碩士

註冊園藝治療師（美國園藝治療協會）

高級園藝治療師

紐約大學朗格尼醫學中心附屬魯士復康中心康復醫療科臨牀助理教授

（翻譯：梁淑群）

推薦序三

Mitchell L. Hewson
HTM LT RAHP
Horticultural Therapist Masters
Author Horticultural as Therapy
Recipient of five international awards
Former Board member CHTA, AHTA, Spark of Brilliance

Congratulations to Ms. Connie Fung Yuen Yee and the eight Registered Horticultural Therapists from the Hong Kong Association of Therapeutic Horticulture, in writing this distinguished book entitled *"Flourish with Gardening–Horticultural Therapy and Elderly Services"*. It is a manuscript written to share their experience on HT and the elderly services in Hong Kong.

As a pioneer, educator and Horticultural Therapist from Canada, I admire and respect the efforts and commitment of Connie and the HT associates in developing this script for the field of horticultural therapy.

A very outstanding body of work that is informative and scholarly, containing nine chapters with acknowledgement and references. This text enables the reader to understand the value of horticultural therapy in promoting the health and welfare of persons who are elderly. Through their document research and clinical trials in a variety of areas, these chapters provide a solid foundation and understanding of the journey to using horticulture as a therapy.

Chapters include:

- An Overview of HT and Elderly
- HT & Life and death
- HT & Emotional wellbeing of the elderly
- HT & Community dwelling elderly
- HT & Living in residence home
- HT & Frail elderly
- HT & Dementia
- HT & Caregiver
- Adaptive tools for the elderly

"People worldwide are living longer. Today, for the first time in history, most people can expect to live into their sixties and beyond. By 2050, the world's population aged 60 years and older, is expected to total 2 billion, up from 900 million in 2015 ...... *The pace of population ageing is much faster than in the past. All countries face major challenges to ensure that their health and social systems are ready to make the most of this demographic shift."*

- Excerpts from World Health Organization 2020

Indeed this text provides an understanding of the health and demographics of the senior population and the effects of using horticulture as a therapeutic tool. Thank you to this professional group of contributors who have provided their knowledge and leadership to advance the discipline of Horticultural Therapy.

This text with its documented research, its plethora of information and its therapeutic application for the elderly and long term care resident, will make a difference in health care system. Respecting and honouring this population, developing therapeutic programing and environments, will foster hope and an improved quality of life through nature!

This book is of value to horticultural therapists but also to nurses, occupational and recreational therapists and other health care personnel and volunteers. This first edition should be on the shelves of all persons who wish to understand and use nature as a therapeutic tool for working with persons who are elderly.

As a treatment method for persons who are elderly, horticultural therapy is a valid and increasingly popular intervention. This positive effect on the patients, staff, volunteers and families is borne out by both anecdotal and empirical evidence. Through the use of "living" materials (sanctuary garden) flowering plants, trees, shrubs, fruits, vegetables and herbs... horticultural therapy stimulates thought, exercises the body and encourages an awareness of the external environment. Moreover, the clients who have benefited from this type of therapy report a decrease in anxiety or stress, sense of control, mental respite and enriched quality of life.

M. Hewson –Horticulture as Therapy –A practical guide to using horticultural therapy as a therapeutic tool

　　祝賀馮婉儀女士 Connie 與 8 位香港園藝治療協會註冊園藝治療師，共同撰寫了此別樹一幟的著作《園藝治療與長者服務——種出身心好健康》，分享關於他們在香港把園藝治療應用於長者服務的經驗。作為來自加拿大的園藝治療先行者、教育工作者及園藝治療師，我很欣賞和尊重 Connie 及她的團隊所付出的努力和承諾，為園藝治療領域撰寫此書。

　　此書一共有 9 章，資料豐富，且富學術性，內容十分出色，可以使讀者了解園藝治療在提升長者的健康及福祉上的價值。透過作者們在不同範疇蒐集的學術研究及臨牀試驗資料，每個章節均為讀者理解園藝如何作為一個治療的旅程，提供穩固的基礎。

　　章節包括：

- ·　概論——園藝治療應用於長者
- ·　園藝治療應用於長者情緒健康
- ·　園藝治療與院舍長者
- ·　園藝治療與認知障礙長者
- ·　長者適用之園藝工具

- ·　園藝治療與生死教育
- ·　園藝治療與社區長者
- ·　園藝治療與體弱長者
- ·　園藝治療與照顧者

　　「世界各地人們的壽命正在延長。今天，有史以來第一次大多數人的期望壽命達到 60 歲以上。到 2050 年，世界 60 歲以上人口總數預計將達到 20 億，2015 年時該數字為 9 億。人口老齡化速度將比過去加快很多。所有國家都面臨重大挑戰，必須確保其衛生和社會系統做好準備，充分利用人口結構的這一轉變。」（世界衛生組織 https://www.who.int/zh/news-room/fact-sheets/detail/ageing-and-health）

　　此書的內容正可以讓讀者了解年長人口的身體狀況及人口結構，以及運用園藝作為治療工具的效用。真感謝這專業團隊的貢獻，分享了他們的知識及帶領推動園藝治療的發展。

　　書中內容包括學術研究、各種資訊及園藝治療應用於長者和需要接受長期照顧的院舍長者。要尊重及敬重長者族群，為他們發展治療性方案和環境，透過大自然，可使他們抱持希望及生活質素獲得提高。

這著作不僅對園藝治療師具有價值，亦對護士、職業治療師、休閒治療師以及其他醫護人員及義務工作者有所裨益。任何有意了解及利用大自然作為治療工具並應用於長者族群的人士，書架上都應有此書。

Mitchell L. Hewson

註冊園藝治療大師

《植物的療癒力量：園藝治療實作指南》作者

五度榮獲國際獎項

曾擔任加拿大園藝治療協會董事、美國園藝治療協會董事

及 Spark of Brilliance 董事

（翻譯：梁淑群）

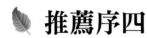 推薦序四

曹幸之

國立臺灣大學園藝暨景觀學系副教授退休

今年（2020 年）初世界各地爆發新型冠狀病毒疫情，許多國家和地區採取限制令，防止病毒的擴散。大迄國際、小至鄰里，人們必須保持社交距離，將自己與外面隔離，減少出門。一切群聚停止，許多需求和工作也沒有了。隨着疫情尚未停歇，人們久「宅」在家，感到恐慌、焦慮。開始有人在自家陽台唱歌，放送好嗓音給社區鄰舍來振奮打氣；知名歌手串聯接唱 We are the world 讓音樂溫暖人心，鼓舞大家不要懼怕。不同國家的提琴手、大提琴家自發地接力演奏，琴音響起，連接人們的感情。本書作者和她的團隊——香港園藝治療協會也是在這樣的背景下，快速整理推出本書，深具美好陪伴意義。

本書的主要架構為園藝治療運用於年長者的案例分享及效益評估，包括活動內容與注意事項、參與者與園藝治療師的心聲。第一章概論就開宗明義說人與植物的關聯密切，人會主動想去植栽豐富的地方，得到放鬆。但也許看似簡單的活動，對體弱的長者，意義就不一樣。實際參與栽種、照顧、管理到採收，會更有成就感。本章分享了與香港理工大學護理學院老年護理研究中心、博愛醫院社會服務部合作完成的學術研究「園藝治療對長期居於院舍的體弱長者之效益」（2014-2016），與香港理工大學護理學院老年護理研究中心合作之另一研究「園藝治療應用於療養院的認知障礙症長者：探索研究」（2010）。前項研究成果榮獲美國園藝治療協會 2019 年度「查爾斯‧劉易斯傑出研究獎」，此外介紹了長者適用的療癒景觀。

第二章生死教育，園藝治療應用於安寧服務並不容易，但「死亡」是生命周期的一部分；植物的落葉，等待新一輪的重生。作者讓園藝活動來激發參與者體驗生命周期，面對生與死，免於驚恐；與香港理工大學護理學院老年護理研究中心和靈實醫院合作的「園藝治療對紓緩治療病人生活品質的影響」研究成果於 2017 年發表在國際期刊 *Journal of Psychosocial Oncology*。

第三章「園藝治療應用於長者情緒健康」分享了針對成年智障者的年長家長而帶領的「晴天在我心」園藝治療小組，以及為有情緒困擾、缺乏資源的長者，

設計「生命花園」小組，為邊緣抑鬱長者建立支援網絡，減輕無助感，引領長者「將手中的花花草草看作生命中不同的過程和經歷」，建立信心。

第四章針對社區長者的需要，帶領「種出豐盛人生」小組，促進組員之間及組員與親友和社區的聯繫。第五章針對長住院舍機構的長者，以「小島悠樂場」園藝治療小組來增強組員的自尊感和自信心，本章還介紹了數種常用的室內植物。第六章「園藝治療與體弱長者」，通過「天晴心晴」園藝治療小組，給長者重拾自我控制感與做決定。第七章針對有早期認知障礙的長者，提供「新春綠悠悠」園藝治療小組，加強長者正向情緒。第八章針對提供服務的照顧者，提供「種出快樂」園藝治療小組，以常見園藝作物的植物轉化技巧增加用途，培養新的興趣來紓緩情緒，並讓同為護老者的案例之間增加溝通與社交互動。

第九章特別分享長者適用的各種園藝工具，除了作者出國參訪所購買收集的，也包括協會成員所用的自製改良工具，這些省工、省力、減少動作需求的工具，能夠補償長者身體上的限制，提升長者執行園藝活動的動力。

園藝治療已發展一段時間，應用在不同族群，顯示多方面的效益。本書特別着力於年長者，是面對不只香港、也是世界許多地區的嚴重社會高齡化問題。書中的案例分享在園藝治療小組活動的事前準備、機動調整，有很多實務上的提示，是非常實用的資訊，包括義工要耐住去幫案例做的本能好意，學習忍耐觀察，等候案例的發展能力，自己完成活動。活動細節選錄更提供細節步驟。作者一步一腳印，用心耕耘，讓本書新內容、新元素、新體驗、堆積的感動活躍在字裏行間，讀來深具吸引力。因應香港地狹人稠的特殊環境，發展全年可行的盆栽園藝及植物相關工藝，讓長者活動練習精細動作技能，培養專注力。長者圍坐高架花槽鬆土都會有感受分享。「整理舊盆栽」善用環境資源，讓花園有延續性和重生活力。

筆者與作者因園藝治療而為友，一晃十餘年，深知她的熱情與堅持「一股勇氣，繼續奔跑園藝治療的旅程」。承她邀約作序，深感光榮。願園藝治療成為讀者一生的朋友，帶來豐富的生命經驗。

自序

馮婉儀 （Connie Fung）

筆者於 2000 年與長者一起享受園藝的樂趣，並展開園藝治療旅程，眨眼間，全心投入園藝治療之旅已經 20 多個年頭，一步一腳印。許多研究指出園藝治療適用於長者，並產生積極之療效。隨着人口老化，社會對安老服務需求日漸增加，筆者心願希望出版一本書籍，與大家分享園藝治療應用於長者的經驗和樂趣。可是自從 2014 年出版了《園藝治療——種出身心好健康》一書之後，一直忙着園藝治療推廣和培訓，無暇再著書。2019 年中，腦海又想起出版長者專書的可行性，想起除了筆者以外，協會多位註冊園藝治療師亦有帶領長者小組的豐富經驗，於是邀請大家一起撰寫，包括賴瑞琼、劉潔明、梁淑群、沈田玉、蕭一凡、譚秀嫻、黃達洋諸君，另有郭翰琛君協助編輯。但我和大家的工作實在太忙碌，撰稿進度緩慢。在 2020 年 2 月的時候，「2019 冠狀病毒」疫情肆虐香港，協會的培訓和小組全部暫停，於是大家效法植物的靈活與堅忍，趁此憂患時光筆耕墨耘，專心著作，藉文字及圖片繼續分享知識，終於本書能夠在 2020 年入秋前出版。

本書一共 9 章，第一章是園藝治療應用於長者之概論，另外數章分享園藝治療應用於不同長者族群，包括社區長者、院舍長者、體弱長者、認知障礙症長者和照顧者。更有專題探討園藝治療與生死教育，以及園藝治療應用於長者之情緒健康。在首二章，筆者分享了長者適用的療癒景觀及安寧花園，在最後一章則介紹長者適用之園藝工具。筆者在構思本書內容時，除了包括園藝治療理論，還希望與讀者分享一些帶領長者園藝治療小組的實操經驗，所以小組範例分享是本書其中一大特色。另一個特色，是在第一章和第二章分享香港園藝治療協會與大學及醫護社福機構合作的其中 3 項園藝治療研究，對象是善終病友、體弱長者和認知障礙症長者。

在此特別感謝我的園藝治療好友撰寫推薦序，包括美國園藝治療協會創始人之一及維吉尼亞理工學院暨州立大學榮譽教授 Paula Diane Relf、紐約大學康復醫療科臨牀助理教授 Matthew Wichrowski、加拿大園藝治療先驅 Mitchell Hewson 及國立臺灣大學園藝暨景觀學系退休副教授曹幸之。最後感謝各位合作伙伴的參與和支持，藉着大家無私的分享，推廣專業園藝治療，服務社群，讓更多長者受益。

目錄

第一章

概論——園藝治療應用於長者

馮婉儀
香港園藝治療協會會長，
註冊園藝治療師（AHTA）

1.1 短短的相聚，人與植物的串連

　　2016 年秋天，我參加美國園藝治療協會在密蘇里州舉行的年會後，順道回加拿大多倫多探望家人，趁機相約香港園藝治療協會督導沈田玉，一起探訪我一位住在達什伍德（Dashwood）的好朋友，加拿大首位註冊園藝治療師米契爾修森（Mitchell Hewson）。5 小時的車程期間，途中停留貴湖市（Guelph），再次到訪賀伍德健康中心（Homewood Health Centre）及貴湖市無障礙庭園（Guelph Enabling Garden）。

　　雖然車程很長，到達米契爾家中已近黃昏，但我一來到他家的花園，即時感到十分振奮，青青的草原、葱翠的樹木，令人很舒適、很放鬆。最令人眼前一亮、大開眼界的，是花園有一條木梯可以直達私人海灘。海闊天空，這一刻我已經忘掉長途車程的疲勞，所有的煩惱都盡掃一空。大自然真是多麼美麗，令人着迷！

療癒的庭園

筆者和米契爾，還有一望無際的湖景。

在貴湖市無障礙庭園，由園藝治療項目義工帶領我們參觀，逗留約45分鐘。其間發現不少遊人使用助行車和電動輪椅，這情況很少出現在香港的庭園。其中一對母女，年邁的母親使用助行車，女兒一直在旁。二人有說有笑，和我們一樣行遍庭園每一個角落。離開時，在大門和他們相遇，我忍不住主動和他們傾談，得悉他們住在附近，除了天氣欠佳外，差不多每天都到庭園，一來可以呼吸新鮮空氣，二來可順道欣賞花花草草，舒展筋骨。最重要是無障礙庭園的設計，非常安全，迎合長者的需要，就算行動不便，也可安心漫步其中。而且間中參加庭園舉行的園藝治療小組，可以和組員溝通交流；看着植物的生長，更令人有所期盼和滿足。

既寬闊又安全的無障礙通道，適合各類訪客的需要。

這次短短的旅程，令筆者深深感受到人與植物的串連、大自然的療癒力。長者確實可以從主動參與園藝活動和享受庭園景觀當中，提升生活質素。

1.2　什麼是園藝治療？

筆者自 2005 年全心投入園藝治療，常常被問及什麼是園藝治療？它和園藝活動有什麼分別呢？

根據美國園藝治療協會的定義：

　　園藝治療是由受過專業訓練的園藝治療師策劃和帶領，讓服務對象參與園藝活動，達至治療效果。活動的參與是在已確立的治療方案、康復或職業計劃的範圍內。園藝治療是一個進展中的過程，其中過程本身被認為是治療性活動，而不是最終產品。

Horticultural therapy is the participation in horticultural activities facilitated by a registered horticultural therapist to achieve specific goals within an established treatment, rehabilitation, or vocational plan. Horticultural therapy is an active process which occurs in the context of an established treatment plan where the process itself is considered the therapeutic activity rather than the end product.

資料來源：美國園藝治療協會網頁（2020）

筆者父母樂於耕田

筆者女兒和外祖母採摘豆豆

園藝治療和園藝活動的分別

　　整體上，園藝治療是以人為本，而園藝活動是以植物為本。

　　園藝治療重點是治療部分，由園藝治療師策劃和執行，園藝活動只是介入媒體，重點是改善人的身心健康。首先，園藝治療師會評估參加者的能力和需要，依照個別情況，訂立治療目標，並且設計合適的園藝活動，

務求達至治療效果。園藝治療適用的服務對象多元，包括不同的背景、不同年齡，例如青少年、兒童、長者、面對壓力人士、康復者等。

筆者栽種的瘦小西蘭花

園藝活動的主角是植物，着重植物的需要，如果植物面對病蟲侵襲，我們便需要採取一些方法處理，讓植物健康成長；另外，也着重園藝知識和技巧的學習。

筆者常常和他人笑說，我種的蔬菜一定沒有農夫種得那麼肥、那麼大；而我種的花卉也一定不及園丁種得那麼燦爛。然而栽種只是園藝治療的介入媒體，只要植物正常地生長便可以。

或者你會問我一個問題，如果在園藝治療活動中有植物枯萎，那麼參加園藝治療是不是沒有作用？其實，植物既是有生命的，一定會經歷生命周期，與人生一樣，經歷出生、成長和死亡，這是生命的必經階段。園藝治療師其中一項責任，就是協助服務對象面對植物枯萎，讓服務對象從失敗中學習，再次站起來。就如人生往往不可能一生順境，一定有高高低低、跌跌碰碰。透過栽種，面對挑戰和起落，再將這些經驗帶到生活上，正向積極地面對人生不同的挑戰，可以加強抵抗逆境能力。

1.3　園藝治療與長者

植物和園藝都是大眾化的媒介，無論開心事或者傷感事，我們都常用植物來表達感受，因此植物是一個很有親和力的介入點。筆者經常和伙伴分享說，以社會工作者為例，如果他未能讓服務對象投入專業關係，即使擁有再豐富的專業知識和技巧也難以發揮作用。而園藝是一種容易被接受的媒介，它就像一條橋樑，能夠將專業人士和服務對象連接一起。想起我和園藝治療的邂逅，真的和長者很有淵源。筆者本身是一位註冊社會工作者，後來在美加修學成為註冊園藝治療師。在我社會工作生涯中，

除了參與青少年服務外，大部分時間都是長者服務；移民加拿大的 5 年，我在彼邦安老服務項目中負責長者中心和外展服務，回流香港後，先在一家護理安老院擔任院長，之後在賽馬會耆智園工作，為認知障礙症長者提供一站式服務，當中的「耆翠園」是認知障礙症長者專用庭園，筆者就在該庭園開展園藝治療的旅程。透過 20 多年的學習和體

耆翠園入口處名牌

驗，深深覺得園藝治療十分適合應用於長者服務，因為園藝活動多樣化，有戶外的和室內的，利用有生命的或乾燥後的植物，又或者與植物相關的手工藝等，園藝治療師可因應服務對象的能力和需要，安排合適的活動，達至治療效果。下圖說明了園藝活動對長者的好處：

不同的植物生命周期帶來不同的體驗。種子萌芽，讓我們感受到期盼；植物生長的過程，讓我們體會挑戰、收成的滿足感、花開的快樂；植物的凋謝帶來反思的機會，深深感受生命的奧秘。

白雪姬的生命周期

照顧植物的過程，讓長者由被照顧者的角色轉移到照顧者的角色。簡單的澆水、摘去凋謝的花朵或枯萎的枝葉，看似簡單的活動，但對一些體弱的長者，意義就不一樣。

栽種一些「老派」的植物，例如薑花、茉莉、桂花、石榴等，可以勾起長者一些回憶，而且增添溝通話題。筆者曾經帶領一個園藝治療小組，當組員看到花園裏的一棵石榴樹，石榴果實纍纍，你一言，我一語。其中一位婆婆說：「這又大又飽滿的石榴，有錢都買唔到。我是盲婚啞嫁，結婚過大禮時，會用這些石榴。」另一位婆婆說：「我是自由戀愛，過大禮時，都有石榴。」組員互相分享戀愛史，整個花園充滿着他們的對話和笑聲。

　　園藝是一種感官體驗，感官包括嗅覺、觸覺、視覺、味覺和聽覺，每棵植物都提供許多不同的刺激。透過我們的感官，讓我們察覺、欣賞和理解周遭的世界，讓我們能體會喜悅、悲傷、快樂和痛苦。感官刺激能夠引發過往的記憶，會促進認知障礙症長者的記憶和反應。我記得在一個小組的分享環節，當提及玫瑰的美態，一位婆婆説：「我種過玫瑰，因為我的女兒的名字也是玫瑰……我記起一首歌，名叫《最後的玫瑰》……但我不敢在家中哼唱，因歌詞很悲傷。」

石榴花與果（相片由 Jeongseob Song 提供）　　　　　　漂亮的玫瑰

　　院舍生活着重規律，住院的長者比較欠缺外來刺激，但在庭園中，可以感受鳥兒吱吱鳴唱着，樹葉沙沙作響，流水涓涓，也可以享受新鮮空氣、清風和陽光，這一切都有助提升他們的生活質素。

1.4　實證為本實務——園藝治療研究

　　自從 2010 年起，香港園藝治療協會開始園藝治療學術研究，希望實踐以實證為本實務。在數年間，已完成 6 項研究，其中 3 項研究是探討園藝治療應用於長者的效用。筆者在本章分享園藝治療應用於住院的體弱長者和認知障礙症長者的兩項研究。

A. 園藝治療對長期居於院舍的體弱長者之效益 2014-2016

研究計劃為香港理工大學護理學院老年護理研究中心、博愛醫院社會服務部及香港園藝治療協會一起攜手合作，研究報告已於 2018 年在國際著名老年醫學期刊 The Journal of Post-Acute and Long-Term Care Medicine（JAMDA）發表，並且榮獲美國園藝治療協會 2019 年度「查爾斯‧劉易斯傑出研究獎（Charles A. Lewis Excellence in Research Award）」，研究團隊更獲邀出席於該年 10 月份在美國密歇根州舉行的美國園藝治療協會 2019 年周年大會的頒獎典禮，並於大會上向各國參與者就獲獎的研究報告發表演說。

是次研究目標是探討園藝治療對改善長期居於院舍的體弱長者精神健康之影響。本研究採用混合方法設計：

定量分析：藉隨機對照試驗調查園藝治療對住院護理中的長者的影響。園藝治療小組由香港園藝治療協會註冊園藝治療師策劃和帶領。控制條件是設計上與實驗條件相似的社交活動組。

定性研究：採用觀察方法和半結構化訪談。園藝治療師和助手記錄了參與者的反應。經過培訓的研究人員加入了園藝治療會議，以便將現場紀錄作為非參與者。我們通過項目團隊成員之間的定期討論會議對數量和定性數據進行了三角化。

是次研究在博愛醫院社會服務部營運的四所院舍中招募 70 歲以上及具有正常或僅輕度認知障礙的體弱長者。總共有 96 位長者參與，其中 46 位在實驗組，50 位在對照組。

結果測量包括測量一般自我效能感、情緒和影響（抑鬱、孤獨和幸福感）、社會互動（網絡和參與）、幸福和生活質量的手段。有 3 個評估

時間點：基線（T0）、緊隨干預後（T1）和在干預後第 12 周（T2）的隨訪評估。

該研究的主要發現是園藝治療可以增強正面的影響，讓長者變得更快樂，更好地融入院舍生活。由於快樂是幸福的一個關鍵因素，所以幸福對一個人的生活質數至關重要。

植物擁有生命，參與園藝治療活動時，長者可以感受植物的生命周期，這種獨特的元素僅見於園藝治療而不見於其他的治療方式或介入策略。然而，如果要在長期護理中推行園藝治療，則需要解決植物護理和環境因素的挑戰。

最後這項研究發現，園藝治療在長期院舍護理中的積極價值，是一種值得院舍投資的治療方法。

以下介紹研究中的園藝治療小組的細節。

園藝治療小組

小組目標是提升自我效能感和減低抑鬱情緒。小組以封閉小組形式舉行，一共 7 期（共 7 個園藝治療小組），由香港園藝治療協會註冊園藝治療師帶領小組活動，並由園藝治療助理或實習生協助。

● 活動內容

每個小組共有 8 節，每節 1 小時，包括 3 個部分，開首 15 分鐘是植物維護及跟進，第二部分 30 分鐘是園藝治療活動，最後 15 分鐘是分享和解説。

節數	1	2	3	4	5	6	7	8
主題	新的開始	展現生機	家家快樂	愛的禮物	花團錦簇	精神煥發	愛心延續I	愛心延續II
活動＼植物	移種時花	扦插觀葉植物	扦插肉質植物	草頭娃娃	鮮花花籃	修整草頭娃娃	組合盆栽觀葉植物	組合盆栽沙漠綠洲
紅網紋	-	水栽／扦插	水栽／扦插	換水／跟進	換水／跟進	換水／跟進	觀葉植物組合盆栽	維護／跟進
白網紋	-	水栽／扦插	水栽／扦插	換水／跟進	換水／跟進	換水／跟進	觀葉植物組合盆栽	維護／跟進
富貴竹	-	水栽／扦插	水栽／扦插	換水／跟進	換水／跟進	換水／跟進	觀葉植物組合盆栽	維護／跟進
小麥草	-	-	-	播種	維護／跟進	修剪及裝飾	修剪草頭娃娃	
彩葉草	移種其中一種	修剪／跟進	修剪／跟進	修剪／跟進	鮮花花籃製作	維護／跟進	清理鮮花花籃	時花施肥／維護
千日紅／時花	移種其中一種	修剪／跟進	修剪／跟進	修剪／跟進	鮮花花籃製作	維護／跟進	清理鮮花花籃	時花施肥／維護
龍船花／繁星花	修剪／跟進	修剪／跟進	修剪／跟進	修剪／跟進	鮮花花籃製作	維護／跟進	清理鮮花花籃	時花施肥／維護
米仔蘭	修剪／跟進	修剪／跟進	修剪／跟進	修剪／跟進	鮮花花籃製作	維護／跟進	清理鮮花花籃	時花施肥／維護
家樂花	-		扦插	維護／跟進	維護／跟進	維護／跟進	維護／跟進	沙漠綠洲
落地生根	移種	維護／跟進	維護／跟進	維護／跟進	維護／跟進	維護／跟進	維護／跟進	沙漠綠洲

● **參加者心聲**

「我把草頭娃娃改名為寶貝，因為它是我自己心內的寶貝。好開心可以把自己照顧到長出根的植物作組合盆栽，對作品好有成功感。」他在第一節分享自己是「植物殺手」，在8節活動的過程中，他很認真照顧植物，而且種得很成功。

「很喜歡時花盆栽，家樂花開得盛放，令我心情很好。雖然我一邊手中風，在做活動時，我總是出動中風的手幫助自己去完成，我是做得到的，是一個有用的人。」

跟進及照顧長壽花

園藝治療師心得分享

1. 活動延續性

　　園藝治療着重活動的延續性，讓參加者體會植物的生命周期，發芽、成長、凋謝。透過人與植物串連起來，我們從中有所體驗、有所反思、有所感悟。一般來説，每次小組聚會，組員都會護理和跟進之前栽種的植物，這是一個很重要的環節。小組內容設計，我們也考慮活動的延續性，在小組初期會繁殖植物，如播種、扦插、分株，每次聚會維護和跟進，最後採收或製成作品。

　　小組的第一節，移種時花和彩葉草，每次聚會悉心照顧，依照生長狀況，澆水、修剪和施肥。在第五節採摘，製作鮮花花籃。之後繼續照顧時花和彩葉草盆栽。8節小組活動完結後，長者持續照顧植物，提升優質生活，令園藝治療的效果得以延續。

分株時花

修剪時花

2. 重複工序

　　由淺入深，讓組員循序漸進地學習，慢慢掌握，除了認知訓練，組員可親手製作不同組合盆栽，能夠提升組員的成功感。例如，在今個小組中，扦插觀葉植物和肉質植物，製作組合盆栽等工序，便重複數次。

- 第二節組員扦插紅、白網紋及富貴竹。組員小心翼翼在適當位置剪下枝條，之後用水栽培育，並加上彩色膠粒和小石頭裝飾。每次聚會換水，清洗膠粒和小石頭。他們看見紅、白網紋和富貴竹長出根來，十分開心。在第七節，他們跟從園藝治療師一步一步的工序，製作觀葉植物組合盆栽。

- 他們也在第三節扦插家樂花，同樣在適當位置剪下枝條，之後將枝條以泥土栽種在盆中，悉心照顧。在第八節，和分株的落地生根一起製作「沙漠綠洲」──美麗的肉質植物組合盆栽。

富貴竹長出根來，修剪根部。　　　　　　替組合盆栽加添彩沙。

組合盆栽

3. 植物選擇

　　園藝治療活動選擇的植物必須無毒、無危險。是次小組採用長者喜歡和熟悉的植物，富有色彩和視覺刺激，名稱十分「好意頭」，例如富貴竹、

長壽花、落地生根等，而且只需要簡單的植物護理。這樣有助達成小組
目標：提升自我效能感和減低抑鬱情緒。

多年生和季節性植物包括：彩葉草、雪茄花、龍船花、繁星花、千日
紅、米仔蘭；室內植物有紅／白網紋、富貴竹和小麥草；至於肉質植物，
我們選擇了容易生長的長壽花（家樂花）和落地生根。

植物 優點	彩葉草 Coleus (Plectranthus scutellarioides)	紅／白網紋 Nerve plant (Fittonia verschaffeltii)	富貴竹 Lucky bamboo (Dracaena sanderiana)	長壽花 Kalanchoe (Kalanchoe Blossfeldiana)	落地生根 Life plant (Bryophyllum pinnatum)	小麥草 Wheatgrass (Triticum aestivum)
容易 生長	✔	✔	✔	✔	✔	✔
容易 抓握	✔	✔	✔	✔	✔	-
視覺 刺激	✔	✔	-	✔	-	✔
觸覺 刺激	✔	✔	✔	✔	✔	✔
活動	扦插 鮮花花籃	扦插 組合盆栽			移種 組合盆栽	草頭娃娃
隱喻	牡丹雖好， 還要綠葉扶持	-	富裕	長壽 家家快樂	親子關係	-

彩葉草

網紋草

家樂花　　　　　　　　　　　　　　富貴竹

落地生根　　　　　　　　　　　　　小麥草

4. 發揮院舍的優勢

　　四間院舍皆有戶外花園，如天氣和情況許可，可以安排小組於戶外活動，讓組員可以享受陽光和新鮮空氣，有助提升組員對種植的興趣和愉快感覺，締造優質生活。

　　在小組以外的時間，可以安排組員定時照顧植物，簡單如澆水、探望和觀察，體會植物生長過程，這有助組員融入院舍生活，增加歸屬感，而且提升組員的自我效能感。

　　其中一位組員章伯（化名）說：「每天都去花園，看看自己的盆栽，帶盆栽去曬太陽、淋水，晚上打霧水等。」他對小組的活動感興趣，常自誇自己做得好，自信心相當大。

【資料來源：參考資料 3、4 及 5】

B. 園藝治療應用於療養院的認知障礙症長者：探索研究 2010

是次研究由香港理工大學護理學院教授及博士生，聯同香港園藝治療協會註冊園藝治療師一起進行。研究目的是探討園藝治療應用於住院認知障礙症長者的效果。採用質量研究方法，以有目的的抽樣方式開展；透過語音記錄及實地記錄，作資料蒐集並以內容分析。研究小組在一間政府津助療養院進行，一共 9 位參加者。園藝治療小組於 2010 年 8 月 7 日至 9 月 11 日舉行，一共 6 節，每節 1 小時。

小組目標：　1. 促進成功感及滿足感　　2. 轉移負面情緒
　　　　　　　　3. 建立積極心理

活動內容：

節次	1	2	3	4	5	6
主題	花花世界 I	花花世界 II	花花世界 III	愛的禮物 I	愛的禮物 II	愛的禮物 III
活動植物	移種時花	繁殖：扦插、分株	繁殖：扦插	組合盆栽觀葉植物	組合盆栽沙漠綠洲	鮮花花籃
千日紅雞冠花	移種	植物護理 / 修剪				鮮花花籃製作
紅網紋白網紋富貴竹	-	扦插 / 水栽	植物護理	組合盆栽觀葉植物	植物護理	
吊蘭	-	分株				
家樂花	-	-	扦插	植物護理	組合盆栽沙漠綠洲	植物護理

每節活動內容共分為 3 部分，第一部分是暖身活動和植物護理，組員會跟進栽種的植物，例如淋水、修剪等。第二部分就是該節的主題園藝治療活動，每節活動都不一樣；最後一部分是分享和解說，組員一面品嘗香草茶，一面分享心情。

扦插白網紋

扦插的家樂花和網紋草

移種雞冠花

研究結果

主題	分類
觸發記憶	喚起記憶
喚起情感	1. 對植物的主觀感覺 2. 對種植過程的主觀感覺
對生命的看法	1. 生命的標誌 　• 對植物的描述 　• 對植物生長的期望 2. 如何處理植物的生命 　• 怎樣促進植物的生長 　• 種植的方法

● **主題 1 觸發記憶**

　　種植過程及植物會令參加者勾起往日的記憶。內容大多是家庭、朋友及他們的軼事。一位組員就在活動過程中說道：「不是很久的事……我曾經與我的奶奶一起種花。」

● **主題 2 喚起情感**

　　植物的生長形態、栽種技巧及有關體驗均能夠喚起相關情感。

　　一位組員說：「非常漂亮，開花……我感到快樂……我感到不開心，因為這些植物開始凋謝。」

另一位則説：「我現在感到很困惑……因為我想整理植物，但我不能……」跟着她便哭起來，提及她的同房婆婆最近身故了。

● 主題 3 對生命的看法

當種植的時候，組員找到生命的象徵及生命的周期，會反思如何面對植物的生命變化及人生課題。

繡球花盛放與凋謝

「修剪根部會令植物更好地成長……放在窗邊讓他們有更多的陽光。」
「種植的過程和養育孩子一樣，需要溫柔……更要愛心。」
「因為植物很堅強的，我也需要堅強……不可以放棄……要堅強的。」

在這個研究我們發現，住院的認知障礙症長者是有足夠耐力參與園藝治療的。園藝治療能夠帶來喜悅及快樂，有效地刺激參加者思考過去和人生。但我們亦發現有一些園藝治療的元素會帶來負面情緒，例如不快樂及困惑，在過去的研究很少提及，所以，對服務對象提供支援服務是需要的，即時處理情緒或作適當的轉介服務。

今次是一項探索研究，建議日後的研究增加研究對象的人數，並且安排對照組。至於小組聚會次數，可以由 6 次增加到 8 至 12 次，提升介入劑量。最後，認知障礙症長者表達能力有限，在招募的準則方面，需要考慮他們的表達能力。

【資料來源：參考資料 6】

1.5 長者適用之療癒景觀

「療癒景觀」泛指一些專為紓緩身心及復康目的而設計，或蘊含療癒功能的庭園，常見類別包括治療性庭園和無障礙庭園。

A. 治療性庭園

根據美國園藝治療協會的定義：

治療性庭園旨在用作療癒、復康或職業訓練方案中的組成部分。當一座花園是為迎合特定服務對象或族群的需求而設計時，就可以將其性質描述為療癒性的。治療性庭園旨在協助使用者達成目標，並促進人與植物的互動。

園藝治療師利用治療性庭園作為讓使用者參與園藝活動的工具。當治療性庭園結合美國園藝治療協會的治療性庭園設計特徵時，該花園正可以作為提供園藝治療的環境。

A therapeutic garden is designed for use as a component of a treatment, rehabilitation, or vocational program. A garden can be described as being therapeutic in nature when it has been designed to meet the needs of a specific user or population. It is designed to accommodate participant's goals and to facilitate people-plant interactions.

A horticultural therapist uses a therapeutic garden as a tool to engage a participant in horticultural activities. Therapeutic gardens incorporating the AHTA Therapeutic Garden Design Characteristics are gardens designed to provide a horticultural therapy environment.

治療性庭園設計特徵

1. 進行已預定及經規劃的各類活動
2. 改善庭園設施達致無障礙環境
3. 有清晰的園區界線
4. 有豐富多樣的植物及人和植物的互動
5. 有親切感和支援的環境
6. 普適性設計（Universal design）
7. 高辨識度的「地方營造」（Placemaking）

【資料來源：美國園藝治療協會網頁（2020）- About Therapeutic Gardens】

B. 庭園的療癒力

每當忙得頭昏腦脹，透不過氣，筆者總會到附近的花園逛逛，放空一下，充電後，再繼續努力工作。很多證據顯示，庭園能夠增加人們的滿足感和令人變得更健康。當我們置身於庭園，欣賞周邊的花草樹木，聽聽鳥兒的叫聲，常可讓我們感受到輕鬆愉快，從壓力和疲勞中恢復過來。

美國環境心理學學者瑞秋卡普蘭和史蒂芬卡普蘭（Rachel & Stephen Kaplan）的專注力恢復理論（Attention Restoration Theory），提倡接觸大自然和植物，可以有效幫助人從精神疲勞中恢復過來，重獲專注。根據這理論，有效恢復專注力的活動，包括 4 項元素：

遠離日常生活（Being Away）、延展性（Extent）、魅力性（Fascination）、相容性（Compatibility）(Kaplan & Kaplan, 1989)。

景色秀麗的庭園令人有「遠離日常生活」壓力之感。

學者柏德烈慕尼（Patrick Mooney）比較 5 個認知障礙症人士院舍對戶外環境的通達情況。其中兩個院舍中的院友能夠到戶外的花園，在這些院舍中，院友的行為問題減少了 19%。對於院友不能到戶外的另外 3 個院舍，行為問題則大幅增加。

另外兩位學者杉山武美（Takemi Sugiyama）及凱瑟琳‧沃德‧湯普森（Catharine Ward Thompson）的試驗研究則指出戶外環境和長者滿足感的關係。戶外環境能夠提供長者一些活動機會，保持活力，而且可以和大自然接觸，與親朋戚友進行社交活動，保持聯繫。在戶外活動，對長者的幸福感有很大幫助。

不論住在社區或者住在院舍的長者，接觸戶外環境抑或在戶外活動，都對他們的生活有着正面的影響，可以提升他們的生活質素，然而多數長者是否經常到戶外環境呢？

筆者的一位已故親人，在生時行動不便，需要他人照顧日常起居生活而入住了老人院。每當親友探望他，他總希望我們帶他到老人院附近的花園。他說：「我想吸收新鮮空氣，望望天空，曬曬太陽，看看花草樹木，想鬆下。」所以每次都帶他到附近庭園，他非常開心。

很多時候，和長者接觸，筆者都會鼓勵長者到花園活動，但經常聽到以下回應：

「我行得唔好，又要用助行架，自己出唔到花園。」
「姑娘、屋企人好忙，冇時間帶我哋去花園。」
「如果自己去，行得又唔好，如果我一不小心意外跌倒，影響其他人就唔好啦。」
「老人院出花園道門很重唔夠力去開。」
「屋企附近的花園，要行好遠，行得好辛苦。」

既然戶外環境對長者有着正面的好處，我們如何才可以讓長者享受到庭園和參與的樂趣呢？除了要考慮長者和照顧者的想法和擔憂，還可以善用無障礙的庭園設計，讓長者更安心、安全地在花園裏活動。

C. 無障礙庭園的基本設計原則

1. 無障礙的出入口
2. 地面堅實
3. 寬闊的通道
4. 合適的坡度
5. 扶手的設施
6. 不同設計的花槽
7. 遮蔭設施
8. 堅固的座椅和家具

(Cooper Marcus, C. and M. Barnes, 1999)

D. 長者適用之療癒景觀

設計長者適用之庭園，無障礙是基本元素，也需要考慮長者的能力和需要，讓長者感受置身庭園的樂趣，亦可參與當中的活動。

身體上的考量

隨着年紀大，一般長者身體機能開始衰退，四肢關節運作欠佳，持久力減弱。部分患有慢性疾病，例如：心血管病、關節炎等。庭園設計要考慮長者的體能、身體上的需要。

1. 地面

選取一些堅實、防滑及不反光的材料以適合不同類別的使用者，包括活動自如和行動不便——需使用助行架、拐杖和輪椅的人士等。適合物料：瀝青、混凝土、磚頭、着色混凝土、橡膠瀝青等。另外需慎選植物栽種位置，例如會掉種子或果實或落葉的植物品種，應該遠離通道。留意樹木根系會否破壞地面，導致地面凹凸不平，增加跌倒風險。

無障礙通道

堅固穩靠的戶外桌子和椅子　　　　會掉果實的植物品種應遠離通道

2. 路徑、休憩及遮蔭設施

　　要有清晰明確的路徑，沿途每隔固定距離就放置座椅，讓長者坐下休息，並可佈置有趣的景物作為視覺焦點，這樣可以鼓勵行動欠佳的長者到花園。戶外的桌子和椅子，要堅固穩靠。椅子設有靠背及扶手，可以移動的椅子能促進長者的控制感，可以將椅子移至樹蔭或太陽傘下遮擋太陽。

　　至於花槽，不同類型的花槽配合不同需要的使用者，如高架式、直立式、邊緣可坐式、大型容器等。適合輪椅使用者的桌子，桌下的空間最少為28吋。長者不用蹲下來栽種，可以因應個別情況，站着或者坐着栽種，享受園藝帶來的樂趣。

可移動容器　　　　桌上花槽，適合坐輪椅人士　　　可移動的高架式花槽

41

3. 視力障礙專用的設施

長者往往視力欠佳，部分長者有視力衰退或者視力障礙，在庭園設置視力障礙專用的設施，基本的有引導徑和點字介紹牌。另外色澤鮮明及點字標示的扶手，種有不同香味、質感和形狀的植物等，都可以提升他們到戶外的動機。

4. 戶外運動設施

保持適量的運動，對長者的健康非常重要。在花園設置一些戶外長者健體器材，在這些設施附近栽種一些刺激感官的植物，例如豐富多彩的時花、芳香撲鼻的香草，讓長者一面強身健體，一面享受鳥語花香，這可鼓勵長者參與體能運動，提升他們運動的動機和興趣。

點字介紹牌

戶外上落樓梯訓練設施

植物選擇

1. 選擇長者喜歡的植物

選擇老派及長者喜歡的植物，能勾起長者回憶往事，並且提升導向力。例如劍蘭、牡丹、銀柳都是廣受長者歡迎的年花。桂花在秋季開花，淡淡的花香，清新怡人，更有着美好的寓意——桂花諧音為「貴」，象徵着富貴、吉祥、如意。

筆者曾經帶領一個認知障礙症長者的園藝治療小組，和他們一起用花盆種生菜。生菜在中國傳統文化寓意「生財」，新年更會烹調菜式，取

其「生生猛猛」之意。其中一位組員很生氣地投訴：「沒有人用花盆種菜！以前我年輕的時候，是在農地裏種菜的。我不會用花盆種菜，這是不會成功的。」於是旁邊的組員也一言一語地認同。這是筆者第一次面對「罷種」，那次聚會我們沒有栽種生菜，只在花園裏走一圈和澆水。正面地看這件事，植物確實會勾起長者一些回憶和過去的體驗，達至認知刺激的效果。

桂花——富貴、吉祥、如意

豬籠草——豬籠入水、財源廣進。
（相片由 Jeongseob Song 提供）

生菜——生生猛猛

2. 感官刺激

園藝給我們提供了一個使用感官的好機會。在花園裏，我們所有感官都會受到影響，五感包括視覺、嗅覺、觸覺、聽覺和味覺；即使我們失去一種感官，仍可以通過其他感官去感受，例如，當視覺受到限制時，我們可以透過觸覺去體驗花園。

為了迎合不同人群的需要，花園裏可以栽種各種不同的植物，具有獨特葉子、莖、花、果實或樹皮。另外，植物標籤也是不容忽視的一環，可以讓長者增加知識，還可以刺激更多話題；標籤上除了植物的學名和特徵，也可以加上植物的俗名或一般名稱，它的寓意、花語和故事，讓長者增加話題和互相溝通機會。

3. 植物維護

很多長者都患有慢性疾病，呼吸道和皮膚比較敏感，容易受感染。因此，打造一個安全潔淨的戶外環境非常重要，亦需恆常作一般維護，如修剪、清理枯葉枯草、病蟲害的防治等。選取容易生長、易於打理的植物。本地原生植物是一個很好的選擇，病蟲害較少。

園藝治療操作場地

理想的長者適用的療癒景觀，應包括園藝治療操作場地，讓長者參與及體驗園藝治療活動，開展一對一的園藝治療或者園藝治療小組。一般來說，園藝治療操作場地不需要很大，可以融合於整個庭園中，一起共用基本設施和種植空間，再加上一些特定元素，如堅固的枱椅、遮蔭設施、合適的花槽容器、培苗空間及物資儲存空間。

筆者在賽馬會耆智園工作時，經常和長者一起到耆翠園，一邊漫步，一邊澆水。當鳳仙花開花時，和他們一起找尋鳳仙花的蒴果，採摘下來，放在手中，蒴果會自行爆裂，種子彈出。他們將種子和蒴果旋捲的果瓣放在小碟中，一起漫步回到園藝治療操作區，將種子和果瓣分類，然後將一些成熟種子播種在花盆中，蒴果的果瓣放回花槽的泥土中，作堆肥用。他們亦將一些種子放在他們自製的種子袋，袋上寫上祝福字句，送給親友。

基本上，長者除了可以在園藝治療小組獲得身心靈的好處，在種植的過程中，他們亦協助植物的維護，例如澆水、摘去枯萎的花葉等，是不可多得的好幫手。

鳳仙花 ➡ **鳳仙蒴果** ➡ **蒴果旋捲果瓣和**
爆出種子

（照片由 Derek Chong 提供）

剪裁種子袋　　　　　　　　完成的種子袋

● 兒童玩樂的設施

　　一般長者非常享受與子女兒孫相聚的時光，建議在庭園設置一些兒童玩樂設施，例如沙池、鞦韆、滑梯等。在庭園中，長者可以一邊看着小朋友遊玩，一邊與年長子女閒話家常，各適其適，又可以一起聚餐，樂在其中。不單可以鼓勵子孫探望，更可提升親子關係。

外國一些庭園中的兒童玩樂設施——穿山洞和戶外顯微鏡

E. 賽馬會耆智園（Jockey Club Centre for Positive Ageing）

賽馬會耆智園成立於 2000 年，是一所非牟利的認知障礙症一站式綜合服務中心，提供優質服務予認知障礙症患者及其家人。旨在紓緩患者家屬的身心壓力，並透過提供適當的心理及社交活動，減慢患者認知能力的衰退。專業護理團隊包括社工、職業治療師、物理治療師、護士等。服務包括日間護理服務、住宿服務、記憶診所及評估服務、照顧者支援服務等。

筆者有幸是開辦團隊其中一位成員，並且負責地面的休憩花園「耆翠園」，它是香港首個治療性庭園，定位是認知障礙症長者專用花園，為長者提供一個整潔、舒適及安全的戶外環境。

認知障礙症長者適用之無障礙的環境

1. 安全

◆ 入口設有斜坡，通道寬闊，方便輪椅使用者。

◆ 出入口設有密碼鎖，長者在同一門口出入，太平門是上鎖的，以免長者走失。

◆ 設有閉路電視，保安嚴密；而長者之足迹，也在視線範圍之內。

◆ 各處安裝有扶手，方便體弱長者。

◆ 地面硬實，圖案及顏色均一，並採用不反光的防滑表層，防止長者因絆倒而受傷。

安全出入口

2. 各適其適的栽花槽，有高架式、直立式及大型容器，方便長者及輪椅使用者。

右：長者在園中栽種成功之青瓜

左：高架式花槽

3. 環迴廊（遊走徑）

◆ 有環迴廊供長者漫步，廊上備有主題設施，例如鳥籠、花槽、涼亭等，讓散步更添意義。

◆ 透光上蓋，既讓植物吸收足夠陽光，也能擋雨。

有蓋環迴廊和涼亭

4. 植物

　　◆ 均不具毒性。

　　◆ 種植馥郁芳香之花草植物，有助刺激長者視覺及嗅覺。

5. 活動場地

　　花園一角設有枱椅供園藝治療、小組活動、閒坐聊天，讓長者自得
其樂。

多樣化植物　　　　　　　　　　小組活動場地
（圖中為雞冠花和彩葉草）　　【資料及相片：賽馬會耆智園】

F. 貴湖市無障礙庭園

　　貴湖市無障礙庭園位於歷史悠久的河濱公園（Riverside Park）內，
它是一個獨特的多功能花園，經過專門設計，旨在提供予不同年齡，不
同程度的身體和認知能力的社區人士使用，能夠享受園藝帶來的好處。
主要的設計特點：

　　1. 無障礙

　　2. 感官刺激（視覺、聲音、氣味、觸覺）

　　3. 靜思區域

　　4. 透過不同活動，讓不同的服務對象體驗園藝活動

　　筆者在 2016 年探訪貴湖市無障礙花園，花園旁邊設有很大的停車場，
方便遊客探訪。進入花園的一刻，立即被一幅七彩繽紛的馬賽克設計瓷

磚牆吸引，原來是花園的訪客彩繪瓷磚來表達他們的感受，中央最大的一塊彩繪最具代表性。

右：貴湖市無障礙花園
左：馬賽克設計瓷磚牆

　　花園給人的感覺是非常整潔，保養良好。通道非常寬闊，足夠兩架輪椅通過；表面光滑平整且有着良好的附着摩擦力。我見到有很多遊人，有坐輪椅的，有照顧者陪伴着長者漫步的，坐在長椅上休歇、與朋友交談，各適其適。

漫步林木花園　　　　　　　湖邊休歇談心

寬闊堅實的通道　　　　　　不同高度的花槽

高架式花槽

不同高度的花槽，讓輪椅使用者及長者坐下或站立，享受栽種的樂趣。

主題花園

花園內設有 4 個主題花園，各有特色。

1. 螺旋花園（Spiral Garden）：與花園標誌一樣的設計，以木條為材料，並栽種觀賞草，由外圍旋轉至中央。

2. 林木花園（Woodland Garden）：遊人至此，可以在樹木林蔭下休息和享受大自然。

螺旋花園

林木花園

3. 河畔花園（Riverbank Garden）：休閒地坐在長椅或者草地，欣賞河畔風景。

河畔花園

4.感官花園（Sensory Garden）：栽種不同感官元素的植物。

觸感刺激的植物

視覺刺激的植物

園藝治療

　　花園內有長駐的註冊園藝治療師，提供個別的或小組形式的園藝治療服務，因應服務對象的需求和能力，度身訂做活動方案，定期和按計劃實施。熱心的志願工作者恆常地維護花園，並協助推行園藝治療活動。花園的工具間和園藝治療工作室合併一起，除了擺放園藝工具，也有園藝治療物資。最令筆者驚訝的就是工具間非常整潔，物資擺放得井井有條，危險的工具和物品一律鎖上。工具間旁邊放置有兩個非常漂亮的堆肥箱，由工作人員和服務對象一起彩繪，實踐社區共融的目標。

整潔的工具間

漂亮的堆肥箱

　　值得一提，花園舉辦一項磚塊認購籌款活動，可以在磚塊刻上故人的姓名以作紀念，又或者一些祝福鼓勵字句，這些磚塊會鋪在行人道兩旁的地面。

祝福磚塊

　　花園出口的位置，有一座大自然織布機（Nature Weaving Loom），這是筆者第一次接觸的。花園遊人可以在花園內拾起一些枯萎或者丟落的花朵或枝葉，在離開的時候，插在織布機作為留念。筆者也在附近地上拾起一枝折斷的繡球花，插在織布機作為留念。

右：筆者在織布機插上一枝繡球花

左：大自然織布機

結語

　　在帶領長者園藝治療小組時，發現部分長者未能使用傳統的園藝工具，如泥鏟、澆水壺等。為了讓長者能夠親自參與園藝活動，一般會讓他們使用改良式園藝工具，這些工具可以在專門店購買或者度身自製，筆者在本書第九章，將會和大家分享長者適用的園藝工具。另外，在本書其他章節，和大家分享園藝治療如何應用於不同類別的服務對象，例如：認知障礙症、臨終關懷、抑鬱長者、長者家屬等，讓他們種出身心好健康。

第二章

園藝治療與生死教育

馮婉儀　香港園藝治療協會會長，註冊園藝治療師（AHTA）

蕭一凡　香港樹仁大學輔導及心理學系助理教授

　　　　註冊園藝治療師（HKATH）

2.1 關於生與死

「生死教育」——學習、研究以及討論人類的生與死的學問，近年在香港日益受到重視。生與死是全人類都要經歷和面對的，從世界首富到平民百姓，每個人的人生都離不開這兩個字。生可以解釋為生命、生存、生活。通過不同層次的討論，我們可以看出「生」這個字存在截然不同的意義。

生命即我們每個人來到這個世界的通行證，擁有生命是每個人的天然權利，是全人類共同的起跑線。生存即延續生命，最初將生命延續的任務我們都要倚賴他人，當有能力獨立生活之後，延續生命的生存任務就會轉移到每個個體身上，成為個人的終身任務。對於生命和生存的理解，很多時候都是比較直接的。而第三個概念「生活」，則被賦予了很多光環，被常掛在口邊的便是所謂的生活質素。生活不是單純的生存，而是盡可能做到「高階」的生存。而所謂高階生存，則有太多相關的因素可以左右，既可以有非常明確的界定標準，也可以是純粹的個人精神感受。從這個意義上，很多人將生存和生活擺在對立面，強調生存和生活存在着天與地的差別；將生存形容成「做一日和尚撞一日鐘」，沒有目標追求的存在，而生活則是豐富多彩，除了物質上的富足更強調精神上的滿足。很多討論便是基於這個邏輯產生。相較對於生的討論，在華人社會我們對於死的探討就顯得隱晦很多。始終在華人的概念中，死代表了萬事皆空，既然是萬事皆空那麼也就沒有什麼討論的必要了，在有生之年珍惜時間做完應該做的事情才是正道。然而隨着時代的發展，思想的轉變，很多人開始意識到生與死之間的關係。死也簡單，就是生的終點，沒有了生命就是死亡。對於死的探討，多數集中在人面對死亡的態度，因為怎樣看待死亡會影響怎樣看待生活。有些人認為死亡是一個威脅，因為這個潛在的威脅，每天都要馬不停蹄，不停地追求收穫與擁有以求在危險真正到來時沒有遺憾。有人認為死亡是一個過程，在生命的某個階段就會到來，這些人的生活態度則會溫和得多，可能會注重享受生命中每一個過程，更能做到隨遇而安。

2.2 何謂生死教育

生死教育的對象是所有的社會成員，在生死教育中，我們並非要大家相信某一種言論，亦並非要大家從先賢聖哲的生死觀中選擇一種。生死教育要做的主要是思考和討論，對於個人而言，生死代表了什麼？對於生死的不同認知會產生怎樣的效應，怎樣才是最令你信服的生死觀？希望藉着生死教育，提醒大家生死是一個會伴隨終身的課題，且停下匆忙的腳步，靜一靜思考一下，努力將人生調節到一個更加舒適的角度，更愜意地生活。要開展生死教育並沒有時間、年齡階段的限制。每個年齡階段的人對於生死都會有不同的反應，當然我也同意對於年輕人的生死教育應更加強調生命，引領年輕人看到生命的無限可能，對於生命注入更多正能量以鼓勵他們向前。而對於老年人則會更加留意面對死亡的態度，幫助他們更加坦然地面對終會到來的結局。

2.3 生死教育在香港

近年香港社會對於死的討論日漸廣泛，除了受到西方文化的影響之外，社會人口結構趨於老齡化也是一個重要的因素。隨着生活和醫療水平不斷提升，香港躍居世界平均壽命最長的地區。相對於舊時 80 歲已是絕對的高壽，現在隨處可見 80 歲仍精神奕奕獨立生活的老年人。然而無論如何，隨着年齡的增長，死亡也會悄然而至，老年人口劇增，對於死亡的討論，不僅僅是存在於老年人口之中，也很大程度上是老年人家屬的一個話題。如何面對死亡，對於家屬的意義很多時候勝過對於當事人的影響。斯人已逝，活着的人如何接受和看待死亡，無庸置疑會影響他們的生活質素，所以生死教育在當今社會變得愈來愈具話題性，公眾對於生死教育的需求也在不斷上升。然而這種需求常被認為是短暫的，也很容易被幾次的心理疏導所代替，以至很大意義上並非開展生死教育而只是紓緩傷痛，然後繼續生活。

　　目前在香港開設生死教育的機構不在少數，很多大學都有以生命以及死亡的意義為主題的選修課。不少非政府組織也會開設與生死教育相關的講座。這些課程以及講座都面向不同的聽眾，其中很大一部分聽眾都是年輕人，如大學生、初出社會的青年人，或者是一些弱勢群體如殘障人士。課程的主題也都是以探究生命意義為出發點，旨在激勵年輕人珍惜生命，把握機遇創造未來。

　　與此同時，本地對於老年人的生死教育卻未見有系統性的開展。很多時候人們會很自然的認為，人到暮年，應該對死亡之事早有預見，故毋須過多提及，往往也因為忌諱而故意避而不談。其實老年人是否都會安於天命，坦然面對死亡呢？如果用一個極端的比喻來說，死刑犯被判了刑，通知了執行死刑的時間和地點，他清楚知道自己的生命即將在何時何地結束，但又有幾個能夠做到坦然赴死呢？曾在第 68 屆奧斯卡獲得多項提名的著名影片《死囚 168 小時》（*Dead Man Walking*，台譯《越過死亡線》）就是一個很好的例子。死囚經歷了一系列上訴、爭取緩刑，到被通知已無迴轉餘地，面見家人最後一面，他對於自己生命最後一段時間的軌迹可謂一清二楚，但到了真的要執行死刑的一刻，還是被嚇得癱倒在地要別人攙扶入刑房。老年人面對死亡的問題亦是如此，他們自身掌握的信息比之死囚更少，有時候死亡來的更加突然，所以很多人對於老年人死亡觀的判斷就有些理所當然了。所以對於老年人開展生死教育，應該是時不我待，愈快愈好，愈有系統性愈好。要老年人可以安度晚年，除了物質上的滿足之外，精神上亦應該做好補充，生死教育就是精神健康中的重要一環，對於減輕老年人恐懼和壓力起到至關重要的作用。

2.4 生死教育與園藝治療

　　園藝治療和生死教育有什麼聯繫？很多人認為園藝治療只是插花或者栽種，是一些輕鬆的老少皆宜的活動，似乎很難將這些輕鬆愉快的過程和顯得相對沉重的生死教育聯繫起來。然而現代的園藝治療正是想通過

了解植物的奧妙，觀察植物的形態寓意及各部分來啟發個人對於生命的思考；也就是通過與植物的互動，展開生命的對談。在園藝治療的過程中，我們鼓勵學員將不同種類花草，比喻成不同種類的人和事，植物天然的色彩、或長或短的枝莖、不同形狀大小的花，或者是已經枯萎的枝葉都可以化身成生命中具有不同代表性的事件。把植物進行不同的擺插，就好像將很多事情串連起來，各人都可以藉此重新思考人生，再次思考生命的意義和價值。看着自己製作的盆景，就好像看見自己人生的縮影，好比站在高處俯瞰，站得高自然望得遠，不會被瑣碎小事而牽絆，更能從更高層次思考生命，選擇人生方向。而整個園藝治療的過程是輕鬆的，不會給參與者任何壓力。整個設計中自然也會遇到枯枝，這自然現象也就象徵着暮年或死亡。設計的同時也會令參與者發現，其實枯枝亦能在整個組合盆栽中發揮作用，成為裝飾的一部分，這樣正提示大家死亡也是生命的一部分，由此對於死亡有正面的省思。盆景設計更會讓參與者完全掌控自己的選擇，激發他們的自信，做到用生命影響生命的果效。

　　園藝治療對於生死教育有許多意想不到的療癒效果，對於心、身、靈都有所啟迪。值得強調的是，通過輕鬆的園藝活動來激發參與者對於生與死的積極思考，是我們這些園藝治療工作者共同的目標。我們也很欣喜地發現，在愈來愈多的研究和實踐活動中，園藝治療對於正向思考生死的意義已經展現。

生命由花園開始。
　　——佚名
Life began in a garden.
– Anonymous

2.5 人與植物的串連

　　園藝和種植是一種普及的活動，不論任何文化和語言，我們可以相互交流種植過程。查爾斯·劉易斯（Charles A. Lewis）在他的著作 *Green Nature/Human Nature* 中提到人與植物的關係：

- 植物是無偏見的、非威脅性和非歧視性的，只會對維護照顧作出反應，對照顧者是一視同仁。

- 人和植物是相互依賴的，植物得到我們的照顧和培育，我們則感受植物成長所帶來的快樂和成功感。

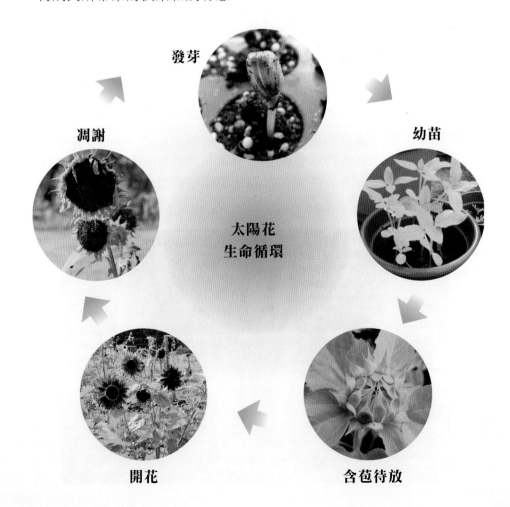

發芽

幼苗

凋謝

太陽花
生命循環

開花

含苞待放

- 園藝包括兩個概念部分：第一個是實質的部分，包括植物本身如花卉、大樹、灌木等的照護及觀賞、栽種過程和採收；第二部分是心靈的部分——在種植時，我們觀察植物的成長，體驗蔬果採收的喜悅和滿足，這些豐富的經驗和感受，提供無窮的隱喻，讓我們有所感悟。

生命周期

　　植物擁有生命周期：種子、發芽、成長、開花結果、凋謝萎亡。它與人類的成長經驗非常相似：出生、嬰兒、成年、衰老、死亡。死亡是生命周期的一部分。沒有死亡，就沒有生命。

　　園藝治療是以人為本，它獨特之處是以園藝為介入媒體。它是人類與園藝之間的橋樑，幫助人們達至身心健康。

2.6 串連，觸動，感悟

　　筆者（馮婉儀）一有機會就會遊訪外地的植物園、療癒花園和自然郊野，所見所聞，常令我得到啟發，反思到生命的不同階段──即使是年老和迎向死亡終站，也可以散發着美麗和滿載意義。

A. 芝加哥植物園（Chicago Botanic Garden）

　　2008 年初春，筆者第一次踏足美國芝加哥植物園，逗留約兩星期，參加治療性景觀課程，與植物園園藝治療部門交流及參觀當地一些項目。差不多每天都前往芝加哥植物園，時間表排得密密麻麻，上課、小組討論、做作業、參觀、演說等，忙得不亦樂乎，那是一個擴闊視野、交流學習的大好機會。

　　記得在 3 月 31 日下午有 3 小時的自由參觀花園時段，我趁此機會遊覽芝加哥植物園不同主題的花園。沿途經過一個面積很小的花園，滿佈枯萎的灌木，感覺十分奇怪，腦海裏出現一些問號：「為什麼園丁沒有清理這些凋謝的植物呢？」在香港，這些現象是不可能發生的。於是轉頭走回再看清楚，原來這是草原花園（Prairie Garden）。再仔細觀察，發現甚有欣賞價值，樹枝上殘留一些紅色的、白色的、啡色的，不同形狀和不同質感的凋謝花果，一些樹枝是紅色的，一些是藍色的，腦海又出現一些問號：「是不是將樹枝噴上顏色呢？」靠近一望，沒有油漆的迹象，百分百是天然的顏色，原來這是山茱萸其中一品種 Cardinal Red Osier Dogwood。保留這些枯萎的樹枝，可以讓我們欣賞它的美態。

草原花園

凋謝的花果

山茱萸

　　這次芝加哥之旅，最大的收穫是給我一個新的角度去欣賞大自然，即使是凋謝的植物也有其美態，並可讓人產生期盼——當春天來臨的時候，樹枝便會長出新芽。自此之後，筆者開始對於「凋零之美」的探索旅程，更能夠欣賞植物的生命周期，如同每段人生路，不論年輕年老，也有精彩的地方，夕陽無限好，哪怕近黃昏！如果有機會，我真希望夏季再次探訪花開盛放的芝加哥植物園。

B. Forks of the Credit 省立公園

　　每逢參加完美國園藝治療協會周年大會，我都會順道到多倫多探望家人，弟弟會駕車到不同的省立公園遠足，享受大自然，放鬆一下。2018 年我曾到訪多倫多 Forks of the Credit 省立公園（名稱指當地一條稱為 Credit River 的河流分支），這次遠足路程大約兩小時，繞圈一周，道路平坦，有一個小山丘和兩個小池塘，一邊是紅紅黃黃的楓樹林，風景優美。

　　走上小山丘時，發現一片已凋謝的植物。部分植物的蒴果已經枯乾，而且爆出毛絨絨的種子，隨風飄揚。在池塘邊，有一些已經枯乾的花兒，擁抱着種子，呈現着不同姿勢，有些張開、有些閉合。我慢下腳步，停下來，靜靜地觀察植物，將他們的美態拍攝下來。這一刻讓我感受到大自然的奇妙，當這些種子落在泥土上，破土而出，便會萌芽生長。這就是生命，一切隨緣吧！雖然我不清楚植物的名稱，但這已經不重要，我們已經串連起來，一起在風中飛舞。

　　真是快樂不知時日過，兩小時泊車時限已經到了。我們便飛奔跑向停車場，幸好及時趕至，替今次的遠足留下難忘回憶。

一片凋謝植物的蒴果爆出毛絨絨種子（上左、上右）。

乾枯的花的種子。

池塘邊枯乾的花兒。

64

C. Mark S. Burnham 省立公園

　　賞楓是加拿大秋天熱門的活動，楓葉的形狀獨特，秋天時葉子顏色更由綠變成紅紅黃黃。其實葉子變色，代表着生命即將完結，變成燦爛的紅橙黃，彷彿要展現生命最美好的一刻，充滿着浪漫淒美的氣息。筆者在 1992 年移民多倫多，屋子的前後園有幾棵楓樹，每逢秋天，門前一棵的葉子會變成金黃色，非常漂亮。在北約克（North York）居住的 5 年，每當楓葉變色飄落的時候，便是勞動的日子，得和女兒一起掃樹葉，每次都有好幾袋的收穫，哪有賞楓的閒情呢！

色彩燦爛的楓葉
（相片由 Paul Fung 提供）

　　2019 年 10 月參加完美國園藝治療協會周年大會，我又再次到加拿大探親。今次駕車到彼得伯勒（Peterborough）Mark S. Burnham 省立公園觀賞楓葉。一進入公園便見到一片橘紅的楓葉林，還有不同形態的樹木，從標示牌更辨識到一些百年古樹，陽光從樹隙射下來，十分溫暖和舒適，整個人放鬆下來。

楓樹林

黃金地氈

　　慢慢往前行，一邊欣賞周遭的植物，一邊聽着走在落葉上發出的清脆聲，腦海又出現一些問號：「楓葉是不是發出痛楚的聲音？」停下來再想一想，葉子是發出感恩的叫喊，感謝遊人將葉子撕碎，易於轉化成肥料。筆者的弟弟即時興起，在橘紅、黃金地氈上耍起太極，發出沙沙聲，好一個武林高手。

　　不同大小的樹幹躺在步道兩旁，紅的、黃的、綠的、啡的楓葉飄落在這些樹幹上，更發現翠綠的青苔、不知名的菇菌類寄生在這些木頭上。紅葉飄落在常綠樹，拼貼在一起，多麼和諧。一幅一幅大自然的圖畫出現眼前，美不勝收。

大自然的圖畫

　　在長椅坐下，靜靜欣賞周遭的美景，讓我進入深深的沉思。我感受到大自然的多樣性，和而不同，而人是大自然的一分子。這激勵了我，即使在生活上面對不同的人和事，際遇高低、浮沉跌碰，我都要以積極態度面對不同挑戰，活出精彩人生。3小時的行程中，我拾了一袋不同形狀、不同顏色的楓葉，回港後將之拼成兩幅楓葉畫，一幅放在辦公室，一幅放在培訓中心讓學生欣賞。

放在辦公室的楓葉畫

D. 梧桐與水杉

2018 年冬天曾到南京一趟，參觀美齡宮，被馬路兩旁的法國梧桐樹的落葉吸引着，形態優美，大小不一，忽然腦海泛出一些詩句。

「梧桐一落葉，天下盡知秋。」

「無言獨上西樓，月如鈎。寂寞梧桐深院鎖清秋。」

於是拾了一些落葉回港，拼貼成落葉畫，放在辦公室。每當被工作壓得透不過氣來，欣賞一下「枯葉」畫，讓我感受生命周期，提示我要努力發揮精彩的每一刻，於是深呼吸一下，又再繼續前進。

南京的梧桐樹和以其落葉拼貼成的落葉畫

在南京中山植物園遇見一片已落葉的水杉林，一棵一棵高高的直立在泥土上，已經 90 多歲了，彷彿在告訴大家堅毅不屈的精神。我忍不住抱樹留影，讓我感受到一股勇氣，繼續奔跑園藝治療的旅程。有一次，與我的另一半遊覽韓國南怡島時也遇上水杉林，非常興奮。

與會員抱着水杉留影

原來 2002 年人氣韓劇《冬季戀歌》（在港播出時名為《藍色生死戀 II》）也在這裏取景，令我也感受到浪漫的氣氛，珍惜當下每一刻。

南怡島的水杉

E. 蓮

中國的詩詞歌賦常常提及蓮花，其中家傳戶曉的一句「出於污泥而不染」，來自周敦頤的《愛蓮説》，描繪了蓮花的特質，寓意人的高尚情操。蓮的每一個部分都發揮着功用，有蓮子、蓮蓬、蓮藕、蓮葉，除了可食用，又可觀賞和繁殖。

蓮的生長周期

春天來到，我們可以開始使用有性繁殖方法，將已風乾的蓮子或將往年散落池塘內的蓮子收集，然後將外殼破損浸種，待出芽後移種池塘內。蓮花也可以用無性繁殖方法，即利用強壯頂芽或蓮藕切離重新種植。成熟後的蓮藕，中間最粗壯的地下莖是母藕，分枝為子藕，再分枝的是孫藕；三種都可作繁殖之用，一般使用子藕較多。

種植後，首先出現的是浮在水面的幼嫩蓮葉，其後的新葉漸漸會挺出水面，生長至中期，蓮花便會綻放滿池。當花瓣凋落後，剩下的是蓮蓬和蓮子。隨着天氣漸冷，蓮葉和蓮蓬開始枯黃下垂，丟落池塘內，便會慢慢分解，轉化成天然肥料，滋潤大地。

冬季時，池塘顯現出一片蕭條寂靜，但蓮的生命並沒有終結。蓮藕深埋在泥土下，停止生長，靜待明年春季來臨，再次破土而出。

【資料由港生有機農莊提供】

出於污泥而不染的蓮花、蓮蓬和蓮子。

2020 年，筆者在韓國旅遊時，第一次遇見結了冰的蓮花池，枯萎的蓮蓬和蓮葉挺立在冰面上，令我非常驚訝，更讓我用另一種角度去觀賞蓮花池。我深信它們只是停止生長，堅毅地面對寒冷，靜待春天的來臨。當我們面對挑戰困難時，不用氣餒，就像蓮藕在冬天冬眠一樣，靜靜地是等待機會再次來臨。生長是有極限的，遵循生命循環的周期，接受死亡是不可避免的事實，對臨終者，減輕對生命終點的恐懼，提升生命質素。這就是生命。

結了冰的蓮花池（左）和冰面上凋謝的蓮蓬和蓮子（右）。

F. 疏苗與修剪

開展園藝活動時往往給予我們無限的反思空間。例如栽種蔬菜時，常常採用撒播方式。當種子發芽時，幼苗長得密密麻麻，這時便需要疏苗，讓幼苗有足夠空間生長。就像父母養育兒女，盡量提供理想的成長環境，但兒女是獨立個體，需要尊重子女的夢想和選擇，給予適當的發展空間。

　　筆者很喜歡修剪植物，一邊慢慢修剪植物，一邊將思想放空。原來每棵植物的葉子或花朵的生長步伐不一，有些開始枯萎，有些仍然燦爛盛放，有些則含苞待放，這些都讓我們體會生命的韻律和節奏，坦然面對生命每個階段的挑戰和成果。

生命的韻律

2.7 實證為本實務——園藝治療研究

　　研究計劃為「園藝治療對紓緩治療病人生活品質的影響」，由香港理工大學護理學院老年護理研究中心、基督教靈實協會靈實醫院及香港園藝治療協會攜手合作開展，研究報告已於 2017 年在國際期刊 *Journal of Psychosocial Oncology* 發表。研究團隊更在不同的學術研討會上就研究報告作演說。

　　計劃目的是研究在香港應用園藝治療對紓緩治療病人的成果。目標有以下 3 項：

- 評估紓緩治療病人的生活質素
- 檢視園藝治療對紓緩治療病人的效果
- 探索紓緩治療病人接受園藝治療後的經驗感受

此計劃採用混合模式的研究方法。定量分析是單一群體之前後測設計和立意抽樣,定性研究採用非結構性訪談。數據收集方面,除了現場筆錄和訪談逐字稿錄音,量度工具使用晚期生活品質量表 Quality of Life Concerns in the End of Life Questionnaire(QOLC-E;Pang et al., 2005)。有 3 個評估時間點:在園藝治療活動開始(T0),緊隨干預後或者病者離院前(T1)和在干預後第四周(T2)。量表共 28 條題目,每條 0 至 10 分,0 分為非常欠理想、10 分為非常理想;包括 8 項領域,4 項正面及 4 項負面:

正面領域	負面領域
1. 支援(Support)	1. 生理不舒適(Physical discomfort)
2. 生命價值(Value of life)	2. 負面情緒(Negative emotions)
3. 飲食因素(Food-related concerns)	3. 疏離的感覺(Sense of alienation)
4. 保健因素(Health care concerns)	4. 存在的憂傷(Existential distress)

定量結果:52 人參加及完成後測 T0、25 人完成後測 T1、10 人完成後測 T2。緊隨干預後(T1)和在干預後第四周(T2)觀察到存在的憂傷和保健因素方面有顯著差異,在其他領域中未見顯著差異。

存在的憂傷:包括無希望、無力、無助的感覺,研究結果是積極的,即園藝治療對減輕存在的憂傷感受有正面作用。

保健因素：研究結果是否定的。這方面的評估對醫護人員很重要，但與
園藝治療介入無關。保健因素的內容更多涉及如何提供護理，
而不是參加者是否接受園藝治療介入。

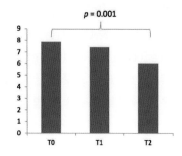

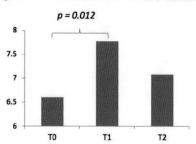

定性結果：非結構性訪談錄音，譯成訪談逐字稿，以定性分析，包括開
放性譯碼、分類和摘要。

使我快樂
一路做覺得好開心。
係，真係好開心！

緩和病情的負面影響
自己好似朵花咁樣
都有生命力。

讓我感受生命
等啲病人感覺到有
生命力，好似啲花一樣，
充滿晒生機。

成就和滿足感
估唔到自己可以插到
盆花，之後咪插到，
好開心囉自己。

新的學習體驗
投入咗去個人係咁得意
嘅，個園藝治療好新奇。

**藝術活動和植物
是美麗的**
插咗一盆可以人哋講叫
做藝術插花囉。

**與他人分享，
促進人際關係**
將自己所有教曉嗰啲嘢，
教曉畀人哋，幾好！

是次的探索性研究中，主要發現是園藝治療能改善接受紓緩治療的晚期癌症患者存在的憂傷，顯示園藝治療對紓緩治療病人有一些積極的療效。其局限性是沒有對照組和樣本數量少，另外4次聚會的干預劑量是否足夠？建議未來進一步進行更大規模的實驗設計研究。

園藝治療小組

目標群組是靈實醫院內的紓緩治療部門，末期癌症／末期病患留院病人，能夠用廣東話溝通，體能狀況容許參與。排除標準包括以下4項：精神病患、認知障礙，對花粉、植物、種子、土壤或肥料過敏及6個月內曾經參與園藝治療活動。

園藝治療小組由經過培訓的園藝治療實習生帶領，並由香港園藝治療協會註冊園藝治療師策劃和督導。小組於2011年5月至9月舉行，共8個單元；每單元為期兩周，共有4節小組聚會，逢星期三及六舉行，每節大約45分鐘。每節包括3個部分，開首10分鐘是暖身活動及植物護理，第二部分20分鐘是主題園藝治療活動，最後15至20分鐘是品嘗香草茶及心情分享。小組採用開放形式或牀邊單對單形式。完成準則為75%出席率，即是出席3節小組聚會或以上。

活動內容

節數		第一節	第二節	第三節	第四節
星期		三	六	三	六
主題		花花世界 I	花花世界 II	花團錦簇 I	花團錦簇 II
內容	小麥草／櫻桃蘿蔔芽菜	播種	植物護理	植物護理	打造希望花園
	時花（萬壽菊、雞冠花、千日紅、米仔蘭等）	栽種	植物護理	鮮花盆栽	植物護理
	觀葉植物（紅／白網紋及富貴竹）	-	水培種植	植物護理	打造希望花園

生命周期的體驗

● 小麥草／櫻桃蘿蔔芽菜：該兩種植物的發芽時間比較短，在小組期 10 天內，可以讓參加者體驗植物的生長。

● 水培紅／白網紋及富貴竹：鼓勵參加者將水培植物放在病房牀邊，可觀察植物根部的成長。

小麥草及櫻桃蘿蔔芽菜　　　　水培紅、白網紋及
　　　　　　　　　　　　　　　富貴竹

和而不同與共融

● 鮮花盆栽：剪下第一節栽種的時花，打造鮮花盆栽。

● 希望花園：將數種觀葉植物組合成希望花園。

● 將不同種類花朵／植物放在一起，共融、和而不同。

● 人生苦樂參半，經歷痛楚和疲憊、與植物接觸，接受和給予，對未來抱有希望。

希望花園　　　　　　　　鮮花盆栽

好好活下去

　　金婆婆（化名）已經參加園藝治療小組三節聚會，非常投入。在第四節小組聚會開始時，未見婆婆的蹤影，於是治療師到其病房，了解情況。

　　金婆婆躺在病牀上，而她的親人圍在病牀。治療師慰問婆婆，並探問她是否有興趣參加小組。她的家人見其倦容而代為拒絕，但婆婆堅持要參加小組。於是金婆婆和親人一起前往客廳，參加小組。是次小組活動是打造組合盆栽，將第二節水培植物栽種在一起。婆婆的一位親人坐在她旁邊，協助她完成組合盆栽，其他親人則坐在客廳的梳化。

　　婆婆為組合盆栽命名為「盼望」，之後她雙手舉起組合盆栽，向她的親人説出她的心底話：「你哋要好似盆栽一樣，好好活下去。」

　　在這一刻，她的家人流下感動的眼淚，而婆婆也眼泛淚光。此時此刻，透過一盆植物，婆婆與她的家人心連心串連起來。婆婆向親人説出其遺願，數天後，婆婆就離世了。

哪裏有花兒綻放，哪裏也充滿着希望——伯德·詹森夫人
Where flowers bloom, so does hope.
　　　　　　—— Lady Bird Johnson

園藝治療師心得分享

1. 植物選擇

- 容易生長、易於維護、較少病蟲害。

- 小組時間只有 10 天和 4 次聚會，故選擇一些生長周期短的植物，例如小麥草、櫻桃蘿蔔等。

- 提供視覺、觸覺刺激的時花，如雞冠花、萬壽菊、千日紅等。

- 植物的喻意：萬壽菊代表健康，富貴竹代表吉祥和富貴。

- 小組是開放式小組，較難掌握每次聚會人數及情況。建議準備後備植物，讓中途加入組員使用。

2. 參加者的身體健康狀況

- 由於病情轉差、疲倦、醫護療程等因素，組員會缺席或中途離場。治療師要彈性處理，以免影響小組流程和治療效果。

- 參加者是否擁有足夠持久力參與小組？每次聚會時間 30 至 45 分鐘，因應組員狀況而調整。

- 部分組員因為身體衰弱，未能前往場地參與小組，治療師會安排在病牀邊進行園藝治療活動。由於病牀環境限制，需要調整活動內容，並且採取一些感染控制措施，例如在牀上及附近地方鋪上即棄枱布，將花盆及工具用消毒紙巾抹乾淨，活動前和活動後消毒和清潔等。

3. 感染控制

- 活動前：治療師、工作人員和義工開展感染控制培訓。為防感染及滋生蚊蟲，使用新土壤、健康和非感染的植物。所有盆栽、工具，必須預先用消毒濕紙巾抹乾淨。

- 活動時：提供手套給有需要的組員，讓組員戴上即棄圍裙，及於枱面鋪上即棄枱布。避免盆栽底碟積水，滋生蚊蟲。
- 活動後：給組員用消毒濕紙巾抹手及清理衣物。把活動室還原，用消毒濕紙巾擦拭活動室所有物品，並物歸原位，保持地方清潔及整齊。

4. 專業關係的建立及解說

- 善用個人特質和小組帶領技巧，跟隨組員的節奏，於短時間內與組員建立互信的工作關係。
- 掌握解說（Debriefing）理論及技巧，並預留多點時間分享及解說。
- 掌握基本園藝及蟲害防治知識與技巧。

5. 跨專業合作

　　跨專業團隊配合，對安寧服務的熱誠和投入是重要一環。醫護團隊及園藝治療團隊緊密聯繫、各司其職，提供情緒支援，鼓勵參與，達至治療效果。

　　園藝治療應用於安寧服務並不容易，但十分有意義，面對不同的挑戰和傷感，讓善終病人與植物串連，在人生盡頭時獲得一種圓滿感。

【資料來源：參考資料 3、8 及 9】

2.8 家屬服務

善終病人的家人面對不同的壓力，當病人離世，他們面對喪親的失落和悲傷。透過參加園藝治療小組，以植物為媒介，減輕家屬的壓力，暫時放下照顧者的角色；也可以協助喪親者處理哀痛與思念。

在不同的喪親家屬小組，發覺製作種子紙這項活動很有象徵意義，為喪親家屬開啟了一扇療癒之門。透過栽種體會生長周期——播種、開花結果、凋謝，之後採收種子、製作種子紙、在種子紙寫上給逝去親人的話，埋在花盆或花壇，靜待種子發芽，新生命出現，將對逝去親人的思念昇華。

種子紙

材料：紙張、攪拌器、模具或抄紙框、報紙或毛巾、種子、吹風機、塑膠容器

步驟：

簡易版本

1. 將紙張撕碎，加水泡軟，浸約 4 至 6 小時。
2. 用攪拌器打碎，成為濃稠漿狀。
3. 將紙漿混合種子，放入模具，造型。
4. 之後放在報紙或毛巾上，吸乾水分。
5. 再風乾或用吹風機吹乾剩餘的水分。

種子紙簡易版本

手抄紙版本

1. 簡易版本第 1 及 2 步。
2. 將紙漿倒入塑膠容器，並把種子灑下。
3. 將抄紙框放進容器內，前後輕微晃動，拿起瀝乾水分。
4. 簡易版本第 4 及 5 步。

種子紙 手抄紙版本

2.9 安寧花園

　　面對死亡和臨終這些充滿壓力的時刻，大自然和植物都能予人復元力量，安寧花園的使用者包括善終病友、其親友及醫護人員。

A. 設計準則

◆ 家的感覺：舒適自在和熟悉感

◆ 配合文化背景

◆ 植物品種豐富多樣，栽種一些柔軟或毛茸茸的植物，讓病人觸摸

◆ 提供溫暖人心的聲音：水聲、鳥語、樹葉沙沙聲響、風鈴清澈音韻

◆ 水景：倒影的水面能撫慰心靈，水池旁可靜坐冥想

◆ 私隱空間：供沉思和獨處，親友共聚會的地方

◆ 戶外兒童遊樂設施

◆ 讓病人在躺着的位置也看到景物

(Cooper Marcus, C. and M. Barnes, 1999)

以下，讓我們看看一些安寧花園的例子。

B. 維多利亞寧養院安寧花園
（Hospice Garden, Victoria Hospice）

　　2004 年筆者（馮婉儀）在加拿大溫哥華島（Vancouver Island）進修園藝治療期間，曾經探訪維多利亞寧養院的安寧花園。花園設在醫院的天台，以淺藍色為主調，令人感覺非常舒適、平和。整個花園的通道非常寬闊，輪椅使用者可以自由出入。花園內的植物非常豐富，例如七彩繽紛的鳳仙花和天竺葵，提供不同感官刺激。園內設有很多不同高度的高架式花槽，栽種不同植物，甚至開花小樹，還放置了雕塑和寫上鼓勵字句的祝福牌，小水池發出輕輕的流水聲，讓人頓時靜下來，放慢腳步。舉行小組活動的區域設備齊全，包括枱椅、遮蔭、水源、工作枱。參觀時，剛巧下過雨，枱椅斜放在一起以免積水。花園的設計非常全面，維護良好，迎合善終病人及其家屬的需要。

寬闊的通道

種在容器內的蘋果樹

高架式花槽

雕塑

小水池　　　　　　　　　　　小組活動區

C. 綠山牆旅館（Green Gables Guest House）

　　旅館位於波特蘭市 Legacy Good Samaritan 醫療中心，提供病人及其家人經濟的短暫住宿；特別適合住在市外的人士，病人不用每天往返醫院，家人可以靠近住院的親人。

綠山牆旅館

　　旅館設有輪椅用的通道,可直達大門。它的花園不是很大,近入口處,安放了一套戶外桌椅,四邊被花卉和灌木包圍,除了視覺刺激外,還可以帶來依靠感和安全感,非常適合閒坐休息。花園中間的位置,是一片青青的草地,旁邊設有一張長椅和一些攀藤植物,是一個隱密的獨處空間。

休閒區

獨處空間

2.10 結語

　　人和植物的生命周期非常相似，當我們用「心」與植物接觸時，心靈自然會被觸動，有所感悟。且讓筆者引用 Legacy Health 生命季節花園（Seasons of Life Garden）標示牌上的文字作為此章的總結。

生命季節花園標示牌

凡事都有定期，

天下萬物都有定時。

生有時，死有時。

栽種有時，拔出所栽種的也有時。

第三章

園藝治療應用於長者情緒健康

蕭一凡　香港樹仁大學輔導及心理學系助理教授
　　　　註冊園藝治療師（HKATH）
馮婉儀　香港園藝治療協會會長，註冊園藝治療師（AHTA）

3.1 前言

　　根據香港撒瑪利亞防止自殺會公布一項數字，單就 2018 年，全港已錄得 353 名 60 歲以上長者自殺個案，佔總自殺死亡數字近四成，情況令人憂心，亦反映出社會對於長者情緒健康支援的嚴重不足（曾凱欣，2019）。現代社會醫療水平不斷提升，人類的壽命也愈來愈長。根據日本厚生勞動省 2019 年公布的數據，香港男女壽命蟬聯世界首位，女性為 87.56 歲，男性為 82.17 歲（凌俊賢，2019）。面對如此長壽，如能在晚年保持身心健康，活得充實快樂，當然是一件幸事。實際上，長者在晚年生活中會面對很多挑戰。除了身體各項機能的下降，體力腦力大不如前，不少長者亦會受到情緒問題的困擾。許多長者因獨居或缺乏社交活動而感到生活無聊又孤單，認為自己已無存在價值而被他人忽略而產生負面情緒。這種情緒會令他們感到無端的恐懼及焦慮，容易將問題災難化。長期受到情緒問題困擾的長者會變得孤僻、難以親近，極大地影響了他們的晚年生活質素，更容易造成極端思想，增加自殺的風險。在下一節中，我們將就情緒問題從何而來以及如何應對負面情緒做一個介紹。

3.2 情緒控制

　　情緒控制顧名思義就是控制情緒的能力。人的情緒是出自大腦內的邊緣系統（Limbic System）的功能，邊緣系統是由扣帶迴（Cingulate Gyrus）、杏仁核（Amygdala）、海馬迴（Hippocampus）等主要結構所組成的（圖 1）。其中杏仁核主要負責處理情緒，人的喜悅、悲傷、不安、恐懼，以及直覺來自這個系統。杏仁核位於大腦底部，因為形狀類似杏仁而得名，亦因為它主要控制人的情緒，所以被稱為「情緒中樞」。根據紐約大學神經科學家喬瑟夫・雷杜克斯（Joseph E LeDoux）的研究指出，經由感覺器官所接收到的信息，會經由兩條獨立的路徑送達中

樞神經處理：絕大部分的感官資訊都是直接傳送至大腦皮質處，經由數條迴路分析後，才會產生合理的反應；另外一條資訊傳遞途徑則會經由間腦（diencephalon），直接傳送至杏仁核，這種聯繫十分快速而直接，但常無法做出正確而精準的處理（LeDoux, 2007; Phelps & LeDoux, 2005）。

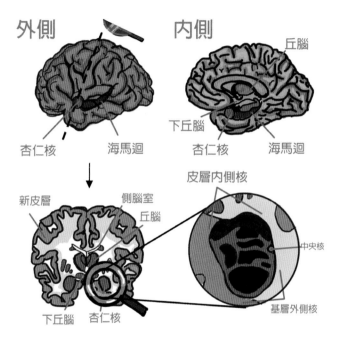

圖 1　大腦的邊緣系統

　　從以上這個結論可以看出，路徑一的傳送速度較慢，需要經過多重分析處理，也就代表了人的理性思考，而路徑二則是由杏仁核主導，快速的感性反應。在人受到外部刺激時，杏仁核通常會在大腦弄清楚究竟發生了什麼之前，先釋放出恐懼、暴怒以及敵意情緒，來支配人的行為。我們可以將這種情況理解為人的自我保護機制，而這種缺乏理性思考的情緒，會激起神經內分泌作用，讓人產生壓力逼近的感覺，從而激發焦慮，損害認知功能。所以情緒控制具體來說，就是減輕或控制杏仁核對於個人行為的影響，不讓情緒主導個體行為。

🍂 3.3 抑鬱症

　　情緒控制疾病中比較常見的一種就是抑鬱症。根據香港衛生署 2017 年公布的數據，本港每 100 名成年人，有 3 人是抑鬱症患者；而每 10 名長者就有 1 人有抑鬱症徵狀，但逾半數沒有尋求協助（Census and Statistics Department, 2017）。抑鬱症已經成為引發自殺最常見的疾病，也有研究顯示，有抑鬱症病徵長者的自殺死亡風險是沒有病徵長者的 2.2 倍（廖潔然，2018）。抑鬱症究竟是什麼、誘發的原因是什麼，又應該如何預防和治療呢？我們將在本節中一一向大家介紹。

　　抑鬱症早已不是一個陌生的詞彙，談到抑鬱症，我們很容意就聯想起很多與之相關的場景——黑暗的房間、沉默且面無表情的人、沉悶到令人窒息的氛圍，都是抑鬱症予人最直觀的認知。隨着現代社會生活節奏的不斷加快，人的生活方式也被迫改變。很多例子都可以反映出這些改變，例如原本的「日出而作，日入而息」，現代社會中日出而作的不計其數，而能做到日入而息的卻愈來愈少。很多工作只有返工時間而沒有具體的放工時間，這對於現代打工仔來說已是司空見慣。又比如一日三餐，兒時曾聽長輩教導，「早餐吃得好，午餐吃得飽，晚飯吃得少」。再看現今社會，自在舒適地吃到早餐也不是人人可以做到，有很多人不過是匆匆買一個麵包、一瓶果汁已經算是不錯，難言「吃得好」。光就這一點而言，現代社會的節奏之快已經不言而喻。在這個快節奏、高競爭的社會中生活，很多人會陷入疲於奔命的狀態，感覺自己正在被生活推着向前走，儘管已經精疲力竭了，還是只能得過且過，所謂的安居樂業仍然只存在於美好幻想之中。生活的壓力所帶來的緊張和疲憊，很容意導致負面情緒的產生，抑鬱症也會悄然到來。

　　從理論上來説，抑鬱症是一種腦部疾病。當邊緣系統功能過於強大，杏仁核就會劫持情緒，此時患者會感受到極大的無力感，這種感覺在認知層面不斷蔓延，而又無可奈何，這就是抑鬱狀態（e.g. Leaver, 2018）。患者多數在生活上面對極大精神壓力，使他們體內產生過量的壓力荷爾

蒙，從而破壞了他們腦部掌管情緒、行為動機、記憶、睡眠及食慾的部位（American Psychiatric Association, 2013）。有些人認為抑鬱症的產生主要源自壓力及其帶來的負面情緒，從醫學角度來說，這只能算作是一個誘因，即誘發因素。

　　現時已經有很多研究證實，抑鬱症受到多種生理因素的影響，其中最多廣泛的認知就是腦部神經傳遞物質失調，這些腦部物質中包括：

● 血清素，主要負責人的情緒與思想行為症狀，也負責控制痛感；

● 去甲腎上腺素，同樣負責控制痛感，同時令人精神抖擻；

● 多巴胺，其分泌會令人感到樂趣和動力。多巴胺同時負責日常腦部功能，一旦缺乏即會造成思維緩慢，好像跟不上節奏。（圖 2）

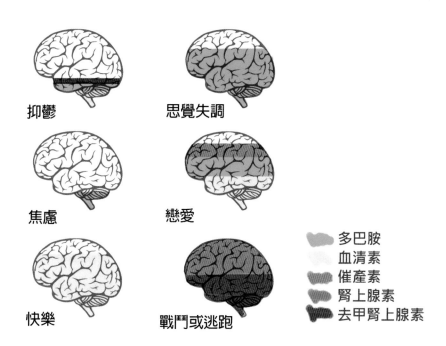

圖 2　腦神經傳遞物質與情緒關係

研究普遍認同抑鬱症患者很多時缺乏這 3 種腦神經傳遞物質，令身體失去了調節功能（Grace, 2016; Kraus, et al., 2017; Marshe, et al, 2017; Moriguchi, et al, 2017）。例如有些抑鬱症患者會出現全身疼痛的症狀，正式原因是身體失去了調節痛感的功能，去甲腎上腺素與血清素的不足，令所有的痛感都一股腦兒地傳遞給了大腦，造成難以忍受的痛苦。近年來醫學界對於抑鬱症的研究日趨廣泛，然而以上 3 種物質的缺失仍然被視作抑鬱症產生的主要因素（例如 Blier, 2016）（圖 3）。抑鬱症所產生的後果自然是非常負面的，輕則持續性的情緒低落，感覺難以集中精神，對於周圍事物產生厭倦感，不想再去接近亦沒有幹勁。重度的抑鬱症患者會出現記憶力衰退、失眠、厭食，甚至有自殺傾向，有大約一成的抑鬱症病人死於自殺。抑鬱症儼然已經成為現代都市的另一隱形殺手，對於抑鬱症的認知、防範與治療成為了政府以及很多機構的重點課題之一。

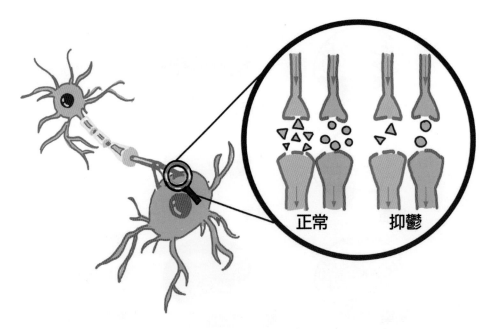

圖 3 抑鬱的機制 —— 神經突觸中的傳遞物質減少造成抑鬱。

3.4 長者與抑鬱症

　　香港社會的老齡化程度正在不斷提高，一般而言，若社會中 65 歲以上的人群佔總人口的 7% 或以上，即會被稱為老齡化社會。根據政府統計處公布的推算數據，香港 2066 年每 1.4 人就要撫養一名長者（Census and Statistics Department, 2017）。人口的急速老齡化令社會醫療、福利以及住房遇到了巨大挑戰，也引起了許多人對於老年人生活的關注。對於香港社會來說，老年人的健康問題已經是一個恆常化的議題，政府、醫院和許多非政府組織都有針對老年人而提供特別醫療服務。但可惜的是，目前為長者提供的醫療服務主要集中在物理方面，對於長者的心理健康問題，很少被提及，更沒有系統化的援助機制。對於長者情緒控制的議題，關注度也非常有限。

　　社會長期忽視長者心理健康問題可能源於兩大原因。首先，子女對於心理健康認知的偏差。心理健康仍然是一個比較新的概念。雖然在中年與年輕一代當中，很多人已經自然地將心理健康納入個人健康管理的一部分，但對於心理健康的認知以及關注仍然處於十分初始的狀態。舉例來說，很多打工一族會想當然地認為工作壓力大是抑鬱症的最大根源，所以將因工作壓力引起的負面情緒歸納為抑鬱症的表現，而不工作則是整個問題的解決辦法。這種不用工作自然就沒有壓力、沒有壓力自然就不會抑鬱，頓時海闊天空的概念存在於很多人的心中。我們不時就會聽到周圍的人抱怨，這工作令人抑鬱，真希望自己能快點退休，脫離苦海。這種存在於眾人心中的錯誤概念，自然會引伸對於老年人心理健康的負面認知，很多人認為，老年人已經不用再返工，可以周圍去，飲茶見朋友，日子不知有多瀟灑自在，因此長者被認為是最難患上抑鬱症的群體。然而在現實生活中，長者的生活真的如大家想像的一樣無憂無慮嗎？事實上有很大一部分長者在退休之後感覺到的不是一身輕，而是迷茫和失落。這種情緒產生的原因其實非常簡單，當一種生活方式持續了三四十年，突然有一天，一覺醒來已經不用去上班，見不到日日見面的同事，沒有每天必須要完成的業務，很多人都會不知所措。長者在面對這樣的生活變化

時，如果不能及時調整心態，便很容易懷念過去，不敢面對當前的自己，更有甚者會出現認知錯亂，分不清一些事情發生的前後順序，例如認為20年前發生的事情其實是昨天。當長者在面對這種情況的時候，如沒有人正確的介入，情況就會每況愈下，錯過治療的最好時機。加上很多晚輩對於長者的照顧主要體現在給予足夠的物質基礎，認為衣食無憂就是可以安度晚年，每月貼補足夠的家用，長輩就應該知足常樂，這些想法令他們對於長者的情緒問題很少留意，甚至會埋怨長輩不知足，認為自己已經盡力為何長者還好「扭計」，有時更會將長者比作孩童，以人愈老就愈變回孩童脾性來帶過，不深究原因，更令情況變得難以轉圜。

忽略長者心理健康問題的另一大原因，也源自於長者自身對於心理健康概念的認知。長者一代人普遍並無「心理健康」的概念，對於心理健康的關注極為有限，所以在他們眼中，如果出現了情緒低落、缺乏幹勁不想動的狀態，就會產生兩個解釋，第一是生病了，例如發燒、感冒；如不是生病就是第二個解釋：人老了已經沒用了，變成了廢人。這個概念存在於很多老年人之中，他們對於心理上出現的問題，很多時候都會以年老、精力不濟來帶過，而不會去深究真正原因，更不會因為不開心而去看醫生。這樣令情況不斷惡化，最終患上抑鬱症。

以上兩點直接導致了因為抑鬱症狀或情緒問題而求助於專業人士的長者人數非常少，自然也不會引起社會的廣泛關注，也令真正需要幫助的長者更加求助無門。試想在一個超過7%的人口屬於老年人的社會裏，住着一群失落又無助的長者，在本該安度晚年的時候每天都在煎熬，又不知原因而求助無門。這樣的情況將會是整個社會的失誤、對於長者群體很大的虧欠。因此，對於長者心理健康問題的宣傳、認知以及關注已經是一個刻不容緩的社會議題，需要立即着手行動。

3.5 園藝治療應用於長者情緒健康

在改善長者情緒方面，園藝治療同樣可以發揮非常積極的作用。有研究針對罹患抑鬱症的中風病人，組織因中風而患上抑鬱症的病人參與園藝治療，在經過一階段治療之後，通過問卷調查發現，大部分患者的抑鬱情

況有所減輕。而經過對於大腦的磁力共振發現，患者腦部的視覺和色彩處理區域、關聯區域以及感覺運動區域的活躍度有明顯的提升，這些腦部功能的提升，有助於個人理性思考能力的提升，減輕邊緣系統對於情緒的控制以緩解抑鬱（Mizuno-Matsumoto, et al., 2008）。通過這項研究，我們可以清晰地看到園藝治療對於控制引發抑鬱的生理原因的功效，證明治療的有效性。比較起其他傳統的治療方法，園藝治療的主要優勢在於三方面，第一是輕鬆的治療方式。園藝治療以不同的園藝活動開展，通過各式種植活動、設計盆景、插花、用植物製作手工藝品的過程來達到治療的效果。在這整個過程中，園藝治療師會通過引導性的問題來令學員思考，將手中的花花草草看作生命中不同的過程和經歷，讓學員能夠在擁有對於自己作品完全掌控權的基礎上，回味人生，平復心情，以更加自信和積極的狀態面對生活。同時當作品完成後，學員亦會有成功感，這樣的成功感對於很多處於情緒漩渦中的長者來說尤為重要，可以引導他們恢復自信，相信自己並非年老無用，轉移關注點更好的享受當前生活而非沉迷於過去。除此之外，園藝治療的另一個優勢就是其在長者人群中的認受性。前文中提到很多長者對於心理健康的認知匱乏，自然也不會因為自己情緒低落而去求助醫生，這樣的話如果真的要他們去接受傳統的心理治療恐怕很難，即使勉強配合了，效果也不能保證。而園藝治療的活動則可以被看作是一個工作坊，一個和其他長者一起參與的興趣組，許多長者會將參與園藝治療活動看作是一次和朋友一起的手工課，自然也就更容易融入其中。參與者不經意間已經達到了紓緩心情、培養專注力以及建立自信的目標。在一班長者其樂融融的工作坊之後，長者帶走的不僅是他們的作品，更是一個積極的心態。有參與者的配合，園藝治療的效果自然事半功倍，省去了很多例如要長者打開心房，放下芥蒂的工序，更為有效。

第三也是比較實際一點，基於現階段沒有系統性支援長者情緒問題的機制，很多政府機構並不能及時支援長者心理健康問題，換句話說，即使想進行抑鬱症治療多數都要求助於私人機構，花費也相對較高，非所有人都可以負擔。相對來說，園藝治療作為輔助性治療，參加者參與園藝治療講座或工作坊的成本非常合理，甚至可以說是比較低廉的，對於多數沒有穩定收入的長者來說，是一個很實際又經濟的選擇。

　　園藝治療對於治療老年抑鬱症的功效正在逐漸獲得認可，有許多研究和文獻都指出園藝可以成功降低參與者的焦慮以及抑鬱情緒，同時亦加強參與者的肌肉協調功能，減低自我傷害行為，提升自我認知以及社交技巧（e.g. Chu et al., 2019; Nicholas, Giang, & Yap, 2019）。香港也有許多非政府組織以及醫院相繼開展了園藝治療相關工作，對於園藝治療的具體方法以及運作方式，將在以下的範例具體解釋。

🍃 3.6 範例分享

A. 範例分享一：「晴天在我心」園藝治療小組

背景：近年來，復康服務呈現老齡化的趨勢，老人佔服務對象的比例日增，特別是智障人士老齡化及家長老齡化的「雙老家庭」。智障人士家屬面對各種問題，如子女的情緒、家庭經濟狀況、照顧智障人士面對的各種壓力、身體衰退等，他們的晚年生活質素備受關注。要幫助這些家長，可以透過不同活動協助家長正確抒發「受壓」的情緒，強化個人抵受壓力或疾病的能力，而園藝治療是其中一項選擇。美國環境心理學學者瑞秋卡普蘭和史蒂芬卡普蘭（Rachel & Stephen Kaplan）的專注力恢復理論（Attention Restoration Theory），提倡接觸大自然和植物，可以有效幫助人從精神疲勞中恢復過來，重獲專注。在大自然裏，有着令人着迷的豐富事物。卡普蘭氏提出「魅力（fascination）」（指吸引人專注、讓人陶醉的事物）可以依循剛／柔的向度來定義，其中「柔性魅力」可以讓人毫不費力的專注，而且與個人的興趣相容。與大自然和植物接觸正是柔性魅力的一種，例如坐在花園裏，欣賞七彩繽紛的花草；又或在田裏耕種，一方面身體勞動，另一方面提供空間讓我們從忙碌的生活慢下來，讓人思緒清明，對人生作出種種反思。以下筆者會分享一個服務成年智障人士家長的園藝治療小組的經驗。

這個園藝治療小組是香港明愛康復服務所舉辦「3H．樂頤年智障人士及家長支援計劃」項目之一，在一間康復服務中心舉行，參加者是 16 位成年智障人士的長者家屬；於 2015 年 11 月至 12 月舉行，每次聚會兩小時，一共 8 次聚會，小組在室內及戶外小花園進行。

小組目標：

1. 透過園藝治療活動，讓參加者紓緩情緒。

2. 透過體驗及反思植物生長周期、生存法則及不同形態，提升參加者情緒管理的能力。

活動內容：

節次	一	二	三	四	五	六	七	八
活動 / 植物	打造新天地 I	打造新天地 II	花花多面睇 I	打造新天地 III	花花多面睇 II	花花多面睇 III	新天地 I	新天地 II
生菜 / 櫻桃蘿蔔 / 四季豆	播種	植物照顧		移苗	植物照顧		收成 蔬菜籃	-
生菜苗	移苗	植物照顧		收成	-			
彩葉草 / 鳳仙花	-	扦插	植物照顧	施肥	植物照顧	施肥	植物照顧	戶外迷你小花園
薄荷	-	扦插、風乾	植物照顧	施肥	植物照顧	施肥	晴天娃娃百草香包	植物照顧
迷迭香	-	-	植物照顧	施肥	植物照顧	施肥	晴天娃娃百草香包	植物照顧
小麥草	-	播種：草頭娃娃陶盆彩繪	植物照顧					迷你小花園
落地生根	-			移種（帶回家）	植物照顧		組合盆栽	-
豆苗	-					播種	蔬菜籃	-
玫瑰	-	鮮花花籃 乾燥花		乾燥花	乾燥花 盆栽	-		
勿忘我 / 彩星	-	鮮花花籃 乾燥花 壓花		乾燥花 壓花		壓花畫 壓花祝福卡	-	
	-			石頭彩繪				迷你小花園

活動細節（選錄）

1. 新天地 I：蔬菜種植

　　是次小組栽種 4 種蔬菜：生菜、四季豆、櫻桃蘿蔔和豆苗。藉着栽種蔬菜過程，讓組員體會其中的生長周期及生存法則，透過反思分享，有所感悟。

　　由於小組只有 8 個星期，生菜或許未能於第七節採收，治療師也準備生菜苗，與生菜種子在第一節同步栽種。出乎意料，生菜苗在第四節已經生長成熟，若不及時收割採收，便會長老。於是組員便在第四節高高興興地採收生菜帶回家。採收後，田地空空如也，組員一起播種不同品種植物，包括向日葵、青花菜（西蘭花）、芥菜、櫻桃蘿蔔。在第七節，大家小心翼翼地剪下悉心栽種的菜苗，和採收的「迷你」櫻桃蘿蔔一起做蔬菜籃，再次將蔬菜帶回家與家人分享。栽種四季豆是一大挑戰，兩次播種，也只有部分發芽，生長欠理想。但組員仍悉心照顧，期望小苗能夠苗壯成長。小組完結時，只見豆芽，未見豆豆出現。這次經驗帶給組員深深的體會：「萬事皆有定期，有其運行規律。栽種有時，採收有時。」讓大家感受到「努力生活，成敗由天」，常抱着平常心，活在當下呢！

生菜

四季豆

櫻桃蘿蔔　　　　　　　　　　　　　　　豆苗

2. 新天地 II：花卉、香草種植

　　除了栽種蔬菜，組員於第二次聚會繁殖花卉和香草，筆者以色彩鮮艷和氣味芳香為選擇準則，期望組員能透過視覺、觸覺和嗅覺刺激，改善情緒。修剪香草時剪下的葉片，放在陰涼處風乾，留待製作晴天娃娃。

　　隨後的每次聚會，組員會照顧栽種的植物，例如澆水、施肥、修剪等。照顧植物有如父母照顧子女一樣，澆水和施肥分量要適中，不同植物要求也有差異，澆水太多會令根部腐爛，肥料不足會令植物生長不良，透過種植過程和心情分享，讓組員感受和反思與子女的關係。

　　在最後一節，組員將扦插的彩葉草、鳳仙花和薄荷打造成迷你小花園，配以彩繪的石頭作裝飾，擺放在中心的戶外花園。

小麥草和扦插的彩葉草、鳳仙花、薄荷　　　　　　彩繪石頭

迷你小花園

3. 晴天娃娃 DIY——改良版

晴天娃娃，主要流行於中國農村和日本，是一種懸掛在屋檐上祈求晴天的布偶，表達對晴天的期盼。藉着製作晴天娃娃，讓組員感受正向情緒，有着積極的態度去面對現在和未來。晴天娃娃採用了彩色不織布和風乾乾草，增加感官刺激，紓緩情緒。完成的娃娃用作裝飾蔬菜籃，讓組員一起帶回家。

材料：彩色不織布、風乾乾草（將第二節修剪香草時剪下的葉片風乾待用）、絲帶／彩繩、膠眼仔

步驟：

1. 選擇喜愛的不織布。
2. 在不織布上，將風乾的香草葉片撕碎，並加上乾燥花，混合一起。
3. 可加進撕碎的發泡膠條，讓晴天娃娃頭部更加飽滿。
4. 用絲帶或彩繩將娃娃頭部綁上蝴蝶結。
5. 在頭部貼上膠眼仔，一個晴天娃娃改良版便完成。

晴天娃娃

4. 花花多面睇

「花花多面睇」由靜觀玫瑰開始。腦海裏的玫瑰，和親眼看到的玫瑰，兩者或會有差異。讓大家一起靜觀玫瑰，進而觀照當前的煩惱，將生活步伐減慢，細心觀察，看清事件，情況可能並不是想像中那麼糟糕。

玫瑰、康乃馨、彩星和勿忘我一起用作插花，製作鮮花花籃。輕揉康乃馨花瓣，更可以提供多樣觸感，感受鮮花的美。部分鮮花會風乾成乾花，於第五節用作乾燥花盆栽；而另一部分則會製成壓花，用來設計壓花畫和壓花祝福卡。

鮮花、乾花和壓花，不同形態各有不同的美。許多時候，壓力的存在是來自觀點與角度；轉一轉角度，頓變海闊天空呢！人生的不同際遇，可以讓人有各種體會，使人生更豐富。透過這些活動，可以鼓勵組員以一個正面角度接受人生的不如意。

鮮花花籃

風乾勿忘我成乾花

壓花祝福卡

5. 種植落地生根

落地生根（Life Plant，學名 *Bryophyllum pinnatum*）是景天科落地生根屬的多年生肉質植物，品種繁多、容易栽種又耐旱，葉緣會長出小苗，而花的形狀好像倒掛的燈籠。組員於第四節栽種葉緣已長出小苗的落地生根，帶回家照顧及記錄生長情況。於第七節帶回中心，將母株和小苗一起栽種在淺盆，加上裝飾，打造組合盆栽，互相分享栽種感受和設計意念。

落地生根母株和小苗一起打造組合盆栽。

透過小苗和母株的生長法則，讓參加者反思親子關係。組員表示栽種落地生根很有啟發性，例如觀察到小苗和母株之間要有適當的距離，如果小苗生長在母株的葉下，就會生長弱小，正如兒女長大獨立，父母需要學會放手。

園藝治療師心得分享

1. 專業關係的建立

組員日常生活很忙碌，要照顧智障子女，面對年老及健康問題，壓力可不小。要參加每星期兩小時的小組，並不容易安排。而且他們來自不同地區，互不認識，未必會輕易向他人表露情感和想法。由於小組為期僅 8 星期，故治療師需要在短時間內與組員建立專業的關係。

小組其中一個重要環節，是透過種植過程讓組員反思和分享，因此治療師需要善用個人特質和技巧，如真誠、同理心、自我披露等，建立互信的工作關係；更要運用熟練的小組帶領技巧，提供一個安全環境，採取開放式提問及跟隨組員的節奏，讓他們自在地分享心聲。

2. 小組內容多樣化

要依據組員的能力和需要，配合小組目標，設計小組內容。除了新穎有趣外，多選擇容易生長的植物，讓組員享受栽種和收成的樂趣。大部分參加者未曾有園藝經驗，故活動需迎合參加者能力和興趣，讓參加者都能夠投入其中。他們在分享和回饋時，都表示活動過程中感覺開心，讓他們能夠忘記不安和分散注意力。

活動場地有戶外小花園，每次聚會均會安排室內和室外活動。戶外部分，組員分配花槽，栽種蔬菜、花卉和香草。組員每節都會照顧和跟進所栽種的植物，能夠體驗植物的成長過程，並投入其中，有助改善情緒。室內活動則融入花藝創作，如鮮花插花、製作壓花卡、吊乾花、製作晴天娃娃等，這些多樣化的活動有助提升組員對小組的興趣和投入感，也提供更多空間讓組員表達情感。

各節活動也強調連續性。鮮花除了用作插花外，也會風乾成乾花，部分則會製成壓花。鮮花、乾花和壓花分別用於不同活動。組員於最初兩節栽種的花卉和香草於最後一次打造成迷你小花園。此外，每節也有心情分享環節，安排香草花茶，讓組員靜下來，一邊品茗、一邊分享心情。

活動多樣化，例如彩繪陶盆（左）及播種小麥草（右），就包含了美術創作和種植元素。

3. 植物的選擇

治療師選擇安全、無毒、容易栽種及易於打理的植物，讓組員可以體驗成功和分享喜悅。感官刺激也是一種選擇元素，尤其是視覺、嗅覺和觸覺，可以提升正向情緒。此外，選擇一些有明顯寓意的植物，藉此提供反思機會，如落地生根。

每次聚會，都安排組員照顧所栽種的植物，包括淋水、施肥和修剪等，讓參加者體會栽種過程和植物的生長周期。

4. 延續小組療效

小組採用壓力知覺量表（Perceived Stress Scale，PSS）作為前、後測。壓力知覺量表是一種被廣泛使用的心理量表，用於測量壓力的感知；包括 10 條問題，詢問被訪者在過去一個月的感受和想法。從前、後測比對看來，參加小組後大部分組員都感到壓力有減少，其中個別組員的改變更為明顯。小組滿意度量表亦反映，組員整體對小組及各項活動均感到滿意，並建議繼續舉辦類似的小組或深造課程。是次活動只有 8 次聚會，對於組員處理自我壓力方面有所幫助，若想進一步讓組員反思與子女關係及壓力來源，建議增設進階課程，以延續小組的療效。

【資料來源：參考資料 2】

B. 範例分享二：「生命花園」園藝治療小組
背景

為協助長者紓緩抑鬱情緒，基督教香港信義會長者綜合服務於 2006 年起主辦為期 3 年之「生命花園」計劃，該計劃由香港公益金贊助，計劃目標為：

● 透過生命故事手法、創新另類療法及家居空間設計，減輕長者的抑鬱情緒。

- 集結社區人士的力量，為邊緣抑鬱長者建立支援網絡，減輕無助感。
- 提升社區對長者精神健康的關注。

計劃內容包括撰寫生命故事、創新另類治療（園藝治療、音樂及藝術治療、耳穴按摩）及家居空間環境。「生命花園」園藝治療小組正是「生命花園計劃」內容之一。

園藝治療小組

計劃共舉行了 6 個園藝治療小組，分別在不同機構的長者中心或院舍舉行。每個小組有 12 至 15 名組員，共 8 次聚會，每次聚會 1 小時。組員主要是面對情緒困擾及欠缺支援的長者，老年抑鬱量表（15 題）得分 5 至 7，屬於邊緣老年抑鬱個案，轉介來源包括社會服務機構、醫院、醫生及其他機構等。

主辦機構基督教香港信義會長者綜合服務對計劃提供人力、物資、場地等各方面的資源與支持，所委派之社工在小組中擔當重要角色，包括招募和篩選適合的參加者、促進組員互動、為組員提供情緒支援、小組前後的關顧及個別輔導、聯繫組員的支持網絡及資源統籌等。

目標

1. 透過園藝治療，減輕長者的抑鬱情緒。
2. 集結社區人士的力量，為邊緣抑鬱長者建立支援網絡，減輕無助感。

小組內容

節次		一	二	三	四	五	六	七	八
主題		花花世界 I	充滿希望 I（農場）	花花世界 II	共融世界 I	充滿希望 II（農場）	共融世界 II	充滿希望 III（農場）	花花世界 III
內容	時花＊（鳳仙花／萬壽菊／彩葉草／家樂花）	移種	-	扦插播種	護理	-	植物護理	-	個人花園
	香草＊（香蜂草／到手香／薄荷）	-	-	扦插	護理	-	植物護理	-	個人花園
	觀葉植物（紅、白網紋／合果芋／迷你椰子）	-	-	-	分株	-	組合盆栽	-	-
	櫻桃蘿蔔	播種	-	施肥	護理	-	施肥	-	採收
	生菜及莧菜／通菜／菠菜＊	-	移種播種	-	-	疏苗護理	-	採收	-
	壓花	-	-	-	-	-	-	-	心願畫

＊ 因應季節而作出調整

活動主要是配合小組的目標，切合組員的能力和需要，並採用不同的繁殖方法，例如播種、扦插、分株等，每次聚會跟進栽種情況，讓組員感受植物的生命周期及生命力，體驗期待和希望的感覺。活動共分 3 個主題：

第一個主題是「花花世界」，主要是繁殖時花和香草，之後組合成個人花園小組。若機構擁有戶外花槽或場地，組員會分配得一些「田地」打造個人花園，否則就以大花盆代替。

移種繁殖的時花和香草

剪下彩葉草　　　　　　　　　　　扦插彩葉草

組員獲分配一些田地打造個人花園。

第二個主題是「共融世界」，繁殖觀葉植物，製作組合盆栽。分株後，中心的長者會帶回家護理，稍後帶回中心。

分株所得網紋草子株

製成組合盆栽「共融世界」

組合盆栽「共融世界」

第三個主題是「充滿希望」，長者到農場耕種，第二節他們會播種生菜和時菜，第五節移苗、施肥、護理等，第七節再到農場採收蔬菜及重整田地。

蔬菜長大了！　　　　　　　　　　　　　　開心採收

組員（化名）心聲分享

雲姨：「種植過程中經歷成功和失敗，體會生命的意義，儘管最渺小的花，
　　　亦努力求存。自己亦要『不放棄』，因為生命是無價。」

樂姐：「看到發芽、花開花落時，聯想到生命的循環、人生的際遇，得
　　　到啟發。」

盈姐：「開心植物成長，植物長出芽，甚至孖芽。」

　　小組最後一節，組員將壓花拼貼成心願畫，並將心願和感受寫在背
後，放在家裏。

壓花拼貼成心願畫

效益評估

由香港大學及基督教香港信義會「生命花園」計劃共同進行之研究顯示，以老人抑鬱短量表（GDS-15）於園藝治療前後進行評估，短量表之整體平均分下降了 2.83 分，p 值小於 0.05，已達顯著差異。

園藝治療小組滿意問卷調查結果，共 33 位長者於接受服務後，同意及完成問卷調查，全數長者表示滿意小組內容及安排。

問卷調查題目例子：

· 參加小組後，整體上你心情有何改變？					
變差	1 □	一般	2 □	變好	3 □
· 你覺得園藝治療師的表現令人滿意嗎？					
不滿意	1 □	部分滿意	2 □	滿意	3 □
· 整體來說，你對園藝治療小組是否滿意？					
不滿意	1 □	部分滿意	2 □	滿意	3 □
· 日後，你會否參與同類型的園藝治療小組？					
不會	1 □	或者會	2 □	一定會	3 □

園藝治療師心得分享

1. 植物的選擇

● 容易生長和照顧：如果初次種植失敗，或者植物凋謝，也可以再次種植，以正向心態面對挑戰。

● 栽種不同種類的植物，例如蔬菜、室內觀葉植物、香草、戶外花卉。如果其中一種植物栽種欠理想，其他種類植物可作補償，盡量讓組員感受栽種成功的滋味。

組員分享：「生菜種得幾好、幾靚，組合盆栽種得好靚、生得好，見到櫻桃蘿蔔好開心。」

● 視覺刺激：選擇色彩艷麗的花卉，小組選擇了萬壽菊、鳳仙花、彩葉草。除了色彩繽紛外，還很容易栽種和照顧，讓長者體驗成功的感覺。

組員分享：「種得出嚟，開心，顏色好，蝴蝶花靚。」

● 嗅覺刺激：香草是非常好的選擇，小組選擇了香蜂草和到手香，栽種香蜂草過程中香氣撲鼻，令人精神為之一振。

● 小組為期大約 8 星期，選擇生長周期較短的植物，例如櫻桃蘿蔔、莧菜等。如果生長周期較長的植物，則讓組員由幼苗開始栽種，小組內移種生菜便是一個好例子。

小組中栽種香氣撲鼻的香草、四季可賞的觀葉植物，更有色彩繽紛的時花。

2. 義工的運用

開小組前，信義會「生命花園」計劃舉辦義工培訓，讓義工掌握栽種技巧，及與情緒抑鬱的長者溝通守則。在舉辦小組時，義工除了發揮協助角色之外，亦可以支援長者情緒。其中一位組員表示他手指活動能力欠佳，在義工協助下完成組合盆栽，氣氛好和諧，將盆栽取名為「一團和氣」。

3. 培養種植興趣

讓居住社區的組員，將植物帶回家中照顧，體驗植物生長的過程，可以培養種植的興趣。

組員分享：

「我日常的生活很百無聊賴，種植可作為一個寄託。對着那些植物，我覺得自己『老人成細蚊』，像返老還童般，見到它們長得茂盛就會很開心和滿足。」

「開心，一起牀就睇植物，觀察佢哋生長狀況。」

「種植後生活多了寄託。現時每天起牀便會照顧一下小組時種下的盆栽，拿去曬太陽。」

「常常睇植物，噴水，好留意生長，種得好就開心。」

4. 戶外栽種

一般社區或者院舍長者，較少機會到戶外栽種。除了居家或院舍比較少戶外空間外，長者身體健康狀況，未能自行到戶外也是原因之一。在戶外種植除了可以享受大自然、陽光和空氣，也可以重拾農耕的樂趣，勾起長者的回憶，而且可以體驗植物生長和收成帶來的喜樂和成功感。

是次小組到一個戶外的長者農場栽種，農場設有高架式花糟，讓長者不用蹲下來栽種，他們可以輕鬆播種莧菜和移種生菜苗。收割蔬菜時，一起田園烹飪，並將部分收成帶回家與家人分享。

組員分享：

「好耐無種，50 多年，勾起回憶，好似 10 多歲種菜。」

「好開心，生菜生得靚仔，好有生命力。」

「有收成，有得食。」

收成蔬菜　　　　　　　　　【基督教香港信義會社會服務部授權節錄小組內容及相片
資料來源：參考資料 3、4 及 5】

C. 範例分享三

筆者曾帶領另一個情緒抑鬱長者的小組，主要目標讓長者了解及分享晚年優質生活的重要性。對象是患有長期痛症或抑鬱症的長者。組員住在人口密集、高樓林立的灣仔鬧市內。小組在 10 月至 12 月舉行，一共12 次聚會，每次 1 小時，組員共 12 人。

　　小組安排兩次到女青年會健康長者農場，第三節播種菠菜和移種生菜苗，在第十一節再到農場收割生菜、菠菜，組員的反應非常積極和開心，均表示難得離開「石屎森林」，忘記不開心的事，抹掉抑鬱感覺；期望蔬菜快點成長，可以採收，並且回憶在鄉間種瓜菜的往事。

　　園藝治療師建議增加治療劑量，可以在小組中段，能安排到農場跟進生菜和菠菜生長狀況，效果更佳。

農場耕種的挑戰：

1. 天氣的影響，例如下雨、颱風、酷熱、寒冷天氣等。
2. 人手安排：需要較多義工協助，尤其是身體活動能力欠佳的長者。
3. 本地欠缺適合長者耕種的農場，例如要有寬闊及堅實的通道、高架式花槽、遮蔭地方等。
4. 一般農場地點較為偏僻，需要交通安排，財政預算較高。
5. 需要與農場協調植物恆常維護的安排，例如澆水。

　　組員全部是社區長者，治療師安排組員將盆栽帶回家照顧，觀察植物成長，並在每次小組聚會內分享感受。其中一位組員表示她將盆栽放在天台，每天要照顧小組時種下的幾盆盆栽，非常忙碌，已經忘記抑鬱的感覺。另一位組員要照顧年邁體弱的母親，壓力非常大，她買了一個花架放在睡房內，把小組種植的植物放在花架，照顧植物時，令她心情輕鬆，壓力得以紓緩。

筆者與組員栽種的生菜和菠菜

🍃 3.7 結語

　　生活在我們周圍的長者看上去垂垂老矣，但曾幾何時他們也是社會棟樑，香港在上世紀 70 至 80 年代經濟起飛，離不開他們的貢獻。他們為社會奉獻了一生之後，待到暮年理應有享受生活的權利。這屬於中國傳統觀念中的孝道，而盡孝不僅是子女的責任，亦應該是整個社會的核心價值。關注老年人的心理健康和情緒控制是時下應該立刻着手開展的工作。園藝治療以較為輕鬆、開放以及可持續性的方式展開，可以令長者在園藝勞作中紓緩壓力，感受生命在不同階段的意義，以成就感代替失落感，在工作坊的過程中更能增強社交能力。作為一名園藝治療師，深知園藝治療對於長者心理健康的助益，自然會呼籲更多人關注這個議題，也希望更多人能參與到這項有助增進長者晚年幸福的工作。

第四章

園藝治療與社區長者

劉潔明、沈田玉
註冊園藝治療師（督導）（HKATH）

4.1 社區長者的需要

每一個人都會老，隨着年紀的增長，身體和心理都會有所變化和退化。要保持長者的身心健康，除了注意飲食及運動外，還要保持精神健康及良好的人際關係。

香港的長者中心服務旨在為長者及其護老者提供地區和鄰舍層面的社區支援服務，以便長者及其護老者在鄰近其住所的中心接受多元化的服務。長者社區照顧服務旨在為體弱而於日間缺乏家人照顧的長者，在熟悉的家居及社區環境內提供照顧、護理、復康訓練和社交活動。社區內還有其他社區支援服務，讓長者得以享受在社區安老、發展潛能和貢獻社會。長者地區中心、長者鄰舍中心、長者活動中心及長者日間護理中心等會為長者提供社區支援服務，亦包括多元化的社交及康樂活動，以協助長者在社區過着健康、受尊重及有尊嚴的生活。

4.2 園藝治療對社區長者的適用性

隨着人口不斷老化，不同形式的社會服務亦相應增加，以切合長者不同的需要。園藝治療對體能、認知、情緒、社交、創意方面都有效益，園藝治療師會因應不同服務對象的需要去訂立目標，設計多元化的園藝治療活動，令長者在輕鬆愉快的氣氛下，參與有益身心的社交活動，減慢身體機能及認知能力衰退，提升他們的正面情緒，達到預期的目標，能有效提升社區長者的身心健康。

近年愈來愈多人認識園藝治療，香港部分長者中心及長者日間護理中心會請園藝治療師推行園藝治療小組或工作坊。香港一般的園藝治療小組會提供 8 節、每節 1 小時的園藝治療活動給約 8 至 10 位參加者，園藝治療師會因應不同服務對象的需要去訂立目標及設計活動。而園藝治療工作坊則多為 1 至 2 小時的單次活動，可以同時服務較多的參加者，甚

至數十人，目標及活動都較為簡單，讓參加者嘗試體驗園藝治療的樂趣，舒展身心、紓緩情緒等。

一般應用於社區長者的園藝治療計劃

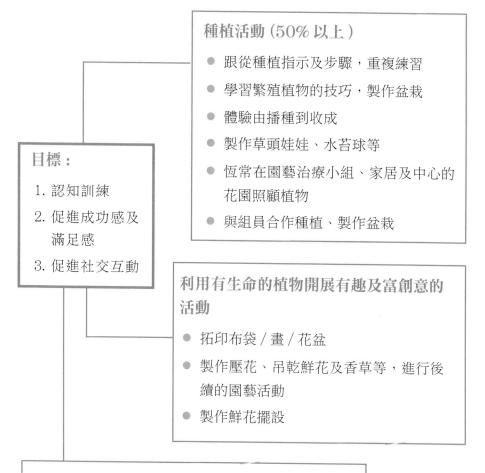

目標：

1. 認知訓練
2. 促進成功感及滿足感
3. 促進社交互動

種植活動（50% 以上）

- 跟從種植指示及步驟，重複練習
- 學習繁殖植物的技巧，製作盆栽
- 體驗由播種到收成
- 製作草頭娃娃、水苔球等
- 恆常在園藝治療小組、家居及中心的花園照顧植物
- 與組員合作種植、製作盆栽

利用有生命的植物開展有趣及富創意的活動

- 拓印布袋 / 畫 / 花盆
- 製作壓花、吊乾鮮花及香草等，進行後續的園藝活動
- 製作鮮花擺設

利用乾的植物進行富創意的活動

- 製作壓花 / 乾花畫、用品、裝飾、擺設等
- 製作香草包 / 香草瓶、香草用品、裝飾、擺設等

🍃 4.3 範例分享:「種出豐盛人生」 園藝治療小組

A. 小組簡介

服務機構	鍾錫熙長洲安老院有限公司長者日間護理中心
活動地點	溫浩根護理安老院
活動日期和時間	2016 年 7 月 15 日至 9 月 2 日 逢星期四下午 2 時 15 分至 3 時 15 分(第一組)及 同日下午 3 時 30 分至 4 時 30 分(第二組) (每組 8 次聚會)
組員概況	每組有 8 位組員,一半組員曾參與園藝治療小組, 認知良好,小部分有記憶問題或專注力不強、部分 組員行動不便及 / 或有聽障。
目標	1. 認知訓練 2. 促進成功感及滿足感 3. 促進社交互動

服務機構簡介

　　鍾錫熙長洲安老院有限公司長者日間護理中心附設於溫浩根護理安老院,乃鍾錫熙長洲安老院有限公司(非牟利服務團體)屬下之日間護理中心,於 2001 年 3 月投入服務。中心共有 20 個名額(另設有 3 個暫託名額),為體弱而期望繼續在社區生活之會員提供日間照顧服務。

活動內容

節數	1	2	3	4	5	6	7	8
主題	新的開始	展現生機	花葉拓染	蝶舞翩翩	彩葉送爽	夢想庭園	常懷感恩	姿彩再現
活動（**植物**）	播種芽菜，蕎麥、葵花籽	收成芽菜 播種時花	花葉拓染 環保袋	製作壓花及乾花 移植紫葉酢漿草	製作壓花紙扇	製作桌上庭園	製作香香乾花小瓶	二人合作製作組合盆栽
蕎麥	播種	收成	-	-	-	-	-	-
葵花籽	播種	收成	-	-	-	-	-	-
向日葵、野花、大波斯菊	-	播種	維護 / 跟進					二人合作製作組合盆栽：加扦插上年種的彩葉草及五星花
上年種的羅勒	-	-	-	收集種子來播種	維護 / 跟進			
上年種的彩葉草、五星花	-	-	-	-	-	-	-	
院舍花園的植物	-	-	花葉拓染環保袋	製作壓花	製作壓花紙扇			-
紫葉酢漿草	-	-	花葉拓染環保袋	移植	維護 / 跟進			
蕨類	-	-		製作壓花	製作壓花紙扇	製作組合盆栽	維護 / 跟進	
文竹	-		-	製作壓花	製作壓花紙扇	製作組合盆栽	維護 / 跟進	
紅、白網紋草	-			-	-	製作組合盆栽	維護 / 跟進	
康乃馨		-	-	製作壓花	製作壓花紙扇	-	-	-
勿忘我、彩星、滿天星	-	-	-	製作壓花及乾花	製作壓花紙扇	-	製作兩款香香乾花小瓶	-
乾花：玫瑰、桂花、薰衣草	-	-	-	-	-	-	製作兩款香香乾花小瓶	-

B. 活動細節

一. 新的開始：播種蕎麥及葵花籽

　　蕎麥及葵花籽可以用來播種芽菜，發芽率高，生長迅速，在一至兩星期後就可收成。如把種子密密鋪滿泥面來播種，在夏天，一星期後應已發芽，會成長到有豐收的效果，將芽菜帶回家與家人分享，能促進組員的成功感及滿足感。選購有機或無農藥污染的蕎麥及葵花籽的種子來播種芽菜，會比較安全。可預先把蕎麥種子催芽（以清水浸泡種子約 4 小時，然後在濕毛巾或濕廚房紙之間放蕎麥種子過夜催芽），播種後約一星期可收成。

◆　活動設計概念

1. 每位組員播種一細盆蕎麥，方便他們帶回家照顧，看着它發芽成長，一星期後，帶回來收成，會很有成功感及滿足感。

2. 因院舍有花園可擺放盆栽，所以再讓全組的組員合種一大盆蕎麥以作後備，就算有組員在家中種植蕎麥失敗，或忘記在第二節帶家中的蕎麥回來，都有蕎麥可收成。

3. 因院舍的花園有充足陽光，所以讓組員播種一大盆葵花籽，第二節可收成葵花苗，再播種向日葵，持續照顧，讓它成長，開花，促進成功感及滿足感。

4. 全組的組員合種一大盆蕎麥及一大盆葵花籽：預先放泥到大花盆，及在泥上放上一張已剪好八格可揭起的紙張，讓每位組員依紙張上揭起的一格位置播種蕎麥、葵花籽種子。

| 每人播種一盆蕎麥 | 小組合作播種蕎麥 | 合作播種葵花籽 |

二. 展現生機：收成芽菜，播種時花

收成蕎麥苗　　　　　　　　　　收成葵花苗

◆ 收成芽菜

第一節播種蕎麥及葵花籽一星期後，已發芽及長出苗，可以收成。讓組員在泥面剪出蕎麥苗及葵花苗，帶回家與家人分享。

◆ 播種時花

播種多樣時花（大波斯菊、向日葵、野花），在第八節用來做色彩豐富的時花盆栽。

材料：時花種子，約 5 吋 × 8 吋的長方形膠盆、培養土、紗網、泥鏟 /
　　　　膠匙、植物牌、澆水壺

步驟：

1. 預先剪好 3 格可揭起的紙張，在每格上方分別用藍、紅、綠色
   寫上大波斯菊、向日葵、野花的名字。

2. 放紗網到花盆底。

3. 放培養土到花盆內的畫線位（離盆頂約 1 個手指節位）。

4. 放預先剪好三格可揭起的播種紙張
   在泥土上。

5. 先揭起左邊用藍色筆寫着「大波斯
   菊」的一格紙。

6. 派給每人一小兜 5 粒大波斯菊種
   子，示範及指示組員把種子放在一
   隻手掌上，用另一隻手逐粒拿起，
   並平均放到揭起一格紙的泥面。

播種三款時花

7. 然後蓋回大波斯菊格的一邊紙，揭起中間一格用紅色筆寫着「向日
   葵」的一格紙。

8. 派給每人一小兜 5 粒向日葵種子，示範及指示組員把種子放在一隻
   手掌上，用另一隻手逐粒拿起，並平均放到揭起一格紙的泥面。

9. 然後蓋回向日葵格的一邊紙，揭起右邊用綠色筆寫着「野花」的一
   格紙。

10. 派給每人一小兜約 8 至 10 粒野花種子及少許幼沙，示範及指示組
    員把細小的野花種子混合少許幼沙，像撒鹽般均勻撒播在露出的泥
    面上。

11. 播種時花種子後，拿走泥面的紙張，放上一層薄薄的泥土遮蓋種子。

12. 放盆底碟承盆底，澆水至水由盆底流出，倒去盆底碟多餘的水分。
13. 執拾枱面，插上植物名牌（已印上時花的圖文、組員姓名、種植日期及澆水指示）。

填寫活動紀錄冊及分享感受：

● 完成播種活動及執拾後，分享活動感受。組員都說收成自己種植的芽菜，好有成功感。

● 最後指示組員在活動紀錄冊，寫蕎麥及葵花苗的發芽情況，是密還是疏，欣賞自己的種植成果；並填寫播種了多少粒不同的時花種子，加深記憶，訓練認知。

三. 花葉拓染環保袋

　　用石球或膠鎚把花葉的汁液拓染到棉布袋上，創作獨一無二的環保袋。

材料： 棉布袋、畫紙、石球或膠鎚、鑷子、紫葉酢漿草、蕨類、院舍花院的植物

步驟：

1. 反轉棉布袋，放入畫紙。
2. 把花材放入上層的棉布與畫紙之間，依個人設計排列花和葉。
3. 葉底（把葉紋拓印到布上）及花面向上，即貼向布面。
4. 一手按實布邊，一手用石球在棉布上滾壓，令花葉的形狀及汁液被拓染到棉布上。
5. 如用較厚或需較大力壓出汁液的葉片，或當長者用石球滾壓到手部有點累，不夠力時，可用膠鎚錘下代替用石球滾壓出花葉汁液。
6. 完成後，反轉布袋，用鑷子取出黏在布面的花葉。

用石球進行花葉拓染　　　　　用膠鎚進行拓染　　　　　完成花葉拓染的環保袋

小貼士：

● 當不用石球時，把它放在小膠碟上，以防它滑下。

● 在枱面上的布袋下，墊上紙皮，有助減小做花葉拓染時的聲量。

● 紫葉酢漿草又叫紫蝴蝶，如把三塊連接的葉片的其中一塊剪下，形狀似蝴蝶，拓印出來，有如蝴蝶翩翩起舞。

● 完成後，可用不脫色的彩色油性筆在紫蝴蝶的圖案上畫上觸鬚，及在布袋上題字，表達心意，但需放回畫紙入棉布袋中以防顏色透到布袋的另一層布上。

四 . 蝶舞翩翩：製作壓花及乾花，移植紫葉酢漿草

製作壓花

材料：吸水紙、蕨類、文竹、龍船花、康乃馨、勿忘我、彩星、滿天星

步驟：

1. 把 A3 大小的吸水紙（厚畫紙）對折打開。

2. 把花材鋪在一邊的吸水紙（預先在紙頂畫上藍線作識別）排列，花面向下，花葉之間要留約一指的空間，不要重疊。如花蕊厚或多重花瓣，例如康乃馨，宜撼或剪出花瓣來壓，也可用鑷子，方便夾起薄的花材來擺放。

把鮮花放上吸水紙

3. 把另一邊吸水紙合上，覆蓋花材，用鉛筆在吸水紙上寫名。

4. 把夾着花材的吸水紙放上瓦通紙及廚房吸水紙，再覆蓋廚房吸水紙及瓦通紙。

5. 之後可重複步驟 1 至 4 做多層壓花，再用硬板（壓花板）夾實底層及頂層的瓦通紙，以魔術貼綁帶綁緊。

6. 把紮好的壓花材料放入密實袋或防潮箱，內加強力吸濕劑，約一星期後便會乾透。

製作乾花

材料：勿忘我、彩星、滿天星

步驟：

1. 剪下花枝。

2. 用園藝鐵線紮實花腳，貼上組員的姓名貼紙。

3. 把紮好的花材，倒吊掛在乾燥的地方，避免曬太陽而有可能令它褪色，約一星期後會風乾。

把鮮花倒吊風乾。

移植紫葉酢漿草

紫葉酢漿草又名紫蝴蝶，葉片在日間會張開，恍似蝴蝶翩翩起舞，晚上會閉合。它喜歡溫暖濕潤的環境，要在全日照或半日照的環境生長，可在陽台、窗台種植。其生命力強，容易種植，經常開花，是討人喜愛的植物。

在第三節用紫葉酢漿草做完花葉拓染環保袋後，組員持續照顧自己的紫葉酢漿草盆栽，今節移植，帶回家照顧，看着它開花。

組員移植的紫葉酢漿草數星期後在家中開花

五. 彩葉送爽：製作壓花紙扇

在夏季製作壓花紙扇，美觀實用，令人愛不釋手。

材料：

紙扇、白膠漿放在小卡紙上、棉花棒、鑷子、組員在上一節壓的花葉、少許買來的壓花

步驟：

1. 派回上一節組員自己壓的花葉，及少許買來的壓花。

2. 用棉花棒沾少許白膠漿，塗在紙扇上預算要貼壓花的位置，用鑷子夾起壓花放在已塗上白膠漿的位置，輕按下壓花，令它黏實在紙扇上。

用白膠漿貼壓花到紙扇

3. 完成後，用不脫色筆在紙扇上題字和／或簽名留念。

小貼士：

壓花薄脆，在紙扇面，易被碰爛或致脫落，可在貼上壓花後，在壓花及扇面用闊邊畫筆沾上一層白膠漿或蝶古巴特拼貼膠水，待白膠漿或膠水乾後會形成一層保護膜，保護壓花。

六 . 夢想庭園：製作桌上庭園

組員在第三及四節用完兩種蕨類和文竹後，持續照顧這些盆栽，今節將它們分株並加入紅、白網紋來製作個人組合盆栽。完成後為盆栽取名，連同種植日期寫在植物牌再插入盆中。植物牌上已預先寫上組員名字及澆水指示，每天早上如見泥乾便澆水。

製作桌上庭園

七 . 常懷感恩：製作香香乾花小瓶

組員製作香香乾花小瓶兩個，加入小小心意卡，送給親友，可表達感恩之情。

材料：

每位組員兩個透明玻璃小瓶、數種不同顏色的幼砂、組員在第四節吊乾的花、少許買回來的乾花、乾香花粒（玫瑰、桂花、薰衣草）、小貝殼、小紙卡、麻繩、幼鐵線、剪刀、不脫色顏色筆

香香乾花小瓶

步驟：

1. 在已打孔的小紙卡寫上心意或感受，把它穿上麻繩，綁在瓶頸，打蝴蝶結。

2. 剪出勿忘我、彩星等少許乾花粒來增加色彩，混合有香味的玫瑰花、桂花、薰衣草乾花粒，放入玻璃小瓶。

3. 蓋上水松塞瓶蓋。

小貼士：

- 如組員對綁蝴蝶結到玻璃瓶有困難，可預先用彈力金線穿上小紙卡及綁好蝴蝶結，讓組員寫上心意或祝福語後，套上瓶頸，才開始製作香香乾花小瓶。
- 如想不用打開瓶蓋便散發香味的，可用透氣的不織布花紙或紗網包起瓶口，用橡皮筋把它綁實到瓶頸，再用絲帶或繩綁上心意卡。
- 玫瑰花及桂花粒也可用來沖花茶飲用。

插乾花小瓶：

1. 在已打孔小紙卡寫上心意或感受，穿上麻繩再綁在瓶頸，打蝴蝶結。

2. 把不同顏色的幼砂逐層放入玻璃小瓶至瓶口下約一個手指節位，可放入平均厚度的彩砂，或刻意放下不同厚度的彩砂，形成一層一層不同色的波浪形或不同圖案，彩砂的顏色配搭，可突顯製作者的個人愛好及風格。

3. 把乾花以不同高度拼合成小花束，放到枱邊近小瓶的位置來度高，花束露出瓶口的高度約為小瓶的 1.5 至 2 倍高，以幼鐵線紮實花腳，齊腳剪去底部過長的花枝。

4. 把小花束插入小瓶的彩砂中，放入小貝殼或乾花碎到彩砂面作裝飾。

八 . 姿彩再現：二人合作製作時花組合盆栽

本節將持續照顧時花製作組合盆栽，包括：移植第二節播種的大波斯菊、向日葵和野花、第四節收集種子來播種的羅勒，及扦插上一年種植的彩葉草、五星花。

材料：上述時花，二人一個大花盆、泥土、紗網、剪刀、泥鏟或膠匙、木筷子、澆水壺、植物牌、盆栽裝飾品、不脫色顏色筆、每位組員一粒白色小石

移植時花，二人合作完成時花組合盆栽。

二人合作製作一盆時花組合盆栽的步驟：

1. 將紗網放到大花盆底。

2. （二位）組員合作放泥至大花盆的畫線位（約 1/3 滿）。

3. 組員合作把自己在第二節播種的時花及第四節收集種子來播種的羅勒脫盆，分別放入一個大花盆。

4. 加泥填滿盆內的空間至盆頸位。

5. 由於組員播種的時花仍未長出花蕾，而組員上一年種植的彩葉草、五星花在他們的照顧下，長得很茂盛，為增加組員的成功感及滿足感，讓每位組員在上一年所種盆栽中剪一株彩葉草及一株五星花來扦插入他們的大花盆；用木筷子在大花盆的泥中插洞，放入剪出的植株，按實植株邊的泥土鞏固植株及平整泥面。

6. 放底盆承托盆底，澆水至盆底流出水，倒去底盆多餘的水分。

7. 執拾枱面，每位組員在白色小石頭上寫心意、祝福或願望，或畫圖。

8. 在盆栽的泥面放上裝飾品及白色小石頭。

9. 二人商量為盆栽取名，寫上植物牌再插入盆中（已預先在植物牌上印了小組名稱及組員的姓名，並在另一面印了種植日期及澆水指示）。

C. 效益評估

訓練組員欣賞和照顧自己的植物

照顧盆栽記錄

● 除了有記憶問題的組員外，從第四節開始，其他所有組員都表示在最近一星期都有看自己的盆栽及淋水，顯示他們已培養到欣賞和照顧植物的興趣，既可訓練認知，亦有助促進組員對生活的滿足感。

每節活動後，參加者記錄自己的情緒

● 8 節中有 82% 的選擇是「非常開心」。

● 25% 的參加者的情緒有改善。

● 在最後一節活動完結時，94% 的參加者表示「非常開心」。

1 非常不開心	2 不開心	3 一般	4 開心	5 非常開心
0%	0%	2%	16%	82%

　　每節活動後，從參加者的自評表現，可反映小組的活動有助促進組員的成功感及滿足感。

我覺得自己做得好唔好 ✔	
1 一般	2 滿意／叻

● 有 90% 的選擇是「滿意／叻」

● 30% 的參加者的自評表現有改善。

● 最後一節完結時，所有參加者都自評「滿意／叻」。

比較前測與後測的平均分，在每條小組目標相關的題目上，都有正面
的轉變：

前測及後測問卷結果比較

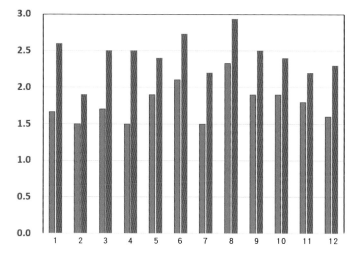

1-4：評估認知訓練的問題
5-8：評估促進成功感及滿足感的問題
9-12：評估促進社交互動的問題

■ 前測平均分　■ 後測平均分
分數：
0 - 不同意，1 - 少許同意
2 - 同意，3 - 非常同意

1. 我懂得種植盆栽。	7. 我在日常生活上有成功感。
2. 我最近的記性不錯。	8. 見到自己種的植物發芽、長高、長出新葉，會為我帶來成功感。
3. 我能夠專心做事。	9. 我喜歡與人合作做事。
4. 我有能力學習新事物。	10. 我與家人或朋友經常有傾談。
5. 我滿意最近的生活。	11. 我會與人分享感受。
6. 我對栽種植物有興趣。	12. 我喜歡讚賞別人及得到別人讚賞。

- 大部分曾參與園藝治療小組的組員的前測分數比首次參加的組員為
  高，但後者的正面轉變則更明顯。

- 在「認知能力」方面的效益最明顯，平均有49%的正面轉變，其中「我
  有能力學習新事物」及「我懂得種植盆栽」的進步最大，平均分別提
  升了67%及56%。

- 而「促進成功感及滿足感」和「促進社交互動」方面，平均有31%的
  提升。

- 從組員自己在每節活動後的記錄，及前測和後測的平均分，反映這兩
  個園藝治療小組的成效，有助促進小組目標的達成。

觀察組員的表現

● 組員在小組中，樂意與人分享自己的種植成果及見到花開的喜悦，與家人及親友分享自己的園藝作品，顯示小組有助促進組員的社交互動及提升他們的正向情緒。

● 多位組員説他們年輕時曾種植，但後來因生活環境變遷就停止了，自從參加了園藝治療小組後，他們重新在家種植，重新培養對種植的興趣及嗜好。

● 從種植失敗到重建自信：在第二節，除了其中一位婆婆，其他組員在家照顧的蕎麥都發了芽，長得很茂盛，她播種的蕎麥完全沒發芽，盆中的泥還有少許發霉。她表現得很失望。園藝治療師告訴她那盆栽可能過濕，不用淋過多水，讓她帶蕎麥種子和一盆新的泥土回家再種，她在下一節時説，再種的蕎麥有發芽，長得很茂盛，可彌補到之前種不到的失落，在往後的活動，她曾分享蕎麥又長高了，説時表現得很滿足。其後，治療師問組員種植失敗了，怎辦？她第一個回答：「種過囉」，顯示這次失敗後再補種的成功經驗，不但令她更有自信，亦令她領會到要正面積極的面對挫敗，再接再厲，做到成功為止。因此能否種得漂亮，並非是最重要，重要的是在過程中，參加者是否有得到啓發，有反思，有正面的轉變，這就是園藝治療活動的目的。

● 大部分組員在第二節收成蕎麥和葵花籽的芽菜後，都要求拿種子回家再種，數節後，分享説蕎麥長高了，但不捨得食，要繼續種下去，可見他們真的學懂了種植，回家可自己播種及持續照顧植物，他們已經與自己栽種的植物，建立了深厚的感情，讓園藝治療的效益，透過在家中種植而延續下去。組員持續照顧植物，有助保持活躍的身體功能及提升生活質素。

● 所有組員對這個小組的活動都有不同程度的良好正面反應，在活動的過程中，專心投入活動，表現開心，樂意合作種植及分享感受。可見這個小組對他們的認知能力、社交、情緒，促進成功感及滿足感各方面，都有正面的影響。

D. 園藝治療師心得分享

因應目標設計園藝治療活動

1. 訓練認知：

- 感官刺激：採用顏色鮮艷及不同質感的植物（時花、彩葉草、五星花）和材料，及一些有香味的植物（羅勒、乾花——玫瑰、桂花、薰衣草），為長者提供視覺、觸覺、嗅覺、味覺方面的刺激，吸引他們的注意力和興趣。

- 用預先剪裁的紙張分隔花盆的面積來播種不同時花，或分配面積給組員合作播種。認識不同種子的形狀，跟指示一步一步播種不同的種子，完成播種一款種子，蓋好該格紙，揭起下一格紙，露出泥面後，才派下一款種子，介紹種子，數種子及將種子放到泥土上等，重複播種的工序，訓練認知。

- 利用精細的工序，例如播種、收集種子、製作壓花、壓花紙扇及乾花小瓶等，訓練組員的專注力。

- 用活動紀錄冊，訓練認知：
  - ◆ 數算和記錄播種了多少粒不同的時花種子，有多少粒種子已發芽，在那一節做了什麼跟進活動，例如補種、疏苗、施肥等，訓練認知。
  - ◆ 每節完成活動後，詢問組員在過去一星期有沒有看自己的盆栽及淋水，寫在活動紀錄冊上，以貼紙獎勵來鼓勵組員欣賞和照顧自己的盆栽，既可訓練認知及培養組員對種植的興趣和發展有意義的嗜好，亦有助提升組員的生活質素及增加他們對生活的滿足感。

種植紀錄		
節	葵花籽	蕎麥	
1	播種	播種	
2	發芽：密／疏	發芽：密／疏	

節	向日葵	大波斯菊	宿根野花組合
2	播種____粒	播種____粒	
3	發芽____粒	發芽____粒	發芽____粒
4	發芽____粒	發芽____粒	發芽____粒
5	補種／疏苗／施肥	補種／疏苗／施肥	補種／疏苗／施肥
6	補種／疏苗／施肥	補種／疏苗／施肥	補種／疏苗／施肥

◆ 在小組活動完結後，重溫活動，為幫助加深記憶，特意加入一張有 8 節活動圖片的彩頁（137 頁），讓組員在最喜愛的頭 3 個活動的圖片上貼上星星貼紙，結果顯示分株移植紫葉酢漿草、製作桌上庭園、香香乾花小瓶得分同樣最高，最受歡迎，而組員亦表示喜歡小組中的所有活動。

2. 促進成功感及滿足感

● 芽菜的發芽率高，茂密的播種，可營造豐收的效果；播種可快速收成的芽菜盆栽，讓組員在一星期後收成，藉豐收獲得成功感。

● 親手製作花葉拓染環保袋及壓花紙扇，美觀實用，不只自己滿意，也會得到別人的欣賞和讚賞。

● 每節與組員跟進植物的生長情況，一方面可訓練認知，另一方面，見着植物發芽、長大、開花，必為組員帶來鼓舞。

請在你 最鍾意的活動的右上角 貼上貼紙

1. 播種芽菜:蕎麥	2. 播種:葵花子	3. 收成芽菜

4. 花葉拓染環保袋	5. 移植紫葉酢漿草	6. 製作桌上庭園
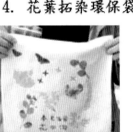		

7. 製作壓花	8. 製作壓花紙扇	9. 製作香香乾花小瓶

10.播種時花	11.二人合作製作組合花盆

- 每節在完成活動後，讓組員一面飲花茶，一面互相欣賞園藝作品及分享感受，亦可藉園藝作品肯定自己的能力，促進組員的社交互動。
- 由於部分組員曾參與上一年的園藝治療小組，而上一年種植的部分盆栽放在院舍的花園，仍生長良好，使用上一年種植的植物來做園藝活動，重溫記憶，加強組員與植物的聯繫及活動的延續性，亦有助促進組員的成功感及滿足感。

3. 促進社交互動

- 為組員提供互動及合作的機會：
  ◆ 因應活動場地的環境及設施，選擇植物及設計合適的種植活動。由於這個小組的活動場地有花園，讓一組人合作播種一大盆葵花籽及一大盆蕎麥，一起照顧盆栽和收成。
  ◆ 讓組員二人用自己播種的時花，一同製作組合花盆。
  ◆ 讓組員一同照顧用來做花葉拓染後的盆栽，之後用來製作壓花及桌上庭園。
- 藉園藝活動、收成及製成品，促進組員之間及組員與親友和社區的聯繫。
  ◆ 製作香香乾花小瓶兩個，自用及送給親友。
  ◆ 用自己照顧的植物製作紫葉酢漿草盆栽及桌上庭園帶回家照顧，與家人共同欣賞及分享照顧盆栽的樂趣；在家種植芽菜，與家人分享收成，增加彼此的生活情趣與感情。
  ◆ 把合作製作的盆栽，放在院舍的花園，一同繼續照顧，供院友和職員欣賞和讚賞。

> **溫馨提示：** 由於一般家居的空間有限，宜控制盆栽的大小及數量。利用延續性的種植活動，例如用之前播種或扦插的植物來製作組合盆栽，有助減少盆栽的數目及方便照顧。

延續性園藝治療活動的效益

在園藝治療小組中，運用有延續性的種植及園藝活動。

- 認知訓練：加強組員與植物的聯繫、興趣及記憶。
- 增加組員對園藝作品的期望，訓練耐性。
- 鼓勵組員持續照顧植物，享用成果。
- 讓組員見到自己努力的成果，亦有助促進組員的成功感及滿足感。
- 利用之前繁殖的植物，製作組合盆栽，方便照顧，亦符合節省空間的需要。

跨小組的延續性園藝治療活動

- 重溫種植技巧，來種植不同的植物。
- 利用上一年種植的植物（如適用）來做園藝活動，重溫記憶。
- 欣賞及運用自己照顧植物的成果，例如收集種子，促進成功感及滿足感。
- 學以致用，協助新組員。

彩葉草可多年生長，色彩多樣，容易繁殖，歷久不衰，也是拓印的材料。

2012 年扦插彩葉草，製作組合盆栽。

2013 年用上年種的彩葉草做拓印晴天娃娃及扦插來製作組合盆栽。

2016 年及 2017 年用上年種的彩葉草來製作組合盆栽。

2018 年用上一年種的彩葉草拓印花盆。

從植物的生命周期反思：老，並非沒有價值

上一年播種、移植的羅勒，已生長成熟，收集種子來再播種，製作組合盆栽。

2016 年收集種子再播種

2015 年播種、移苗羅勒

製作組合盆栽

羅勒苗

2015 年播種、移苗羅勒。2016 年，有組員説：「羅勒老了，像我們一樣，無用。」但園藝治療師告訴組員：「現在才是它最有價值的時候，乾枯了的花內有種子。」治療師教組員收集種子，他們很驚訝地發現乾枯的花內真的有種子，種子還有香味，就立即自動把種子放入他們的盆栽裏，重新欣賞這盆衰老、甚至將要枯萎的植物，治療師再問組員這盆植物還有沒有價值，他們都説有，治療師問他們：「係唔係好似你哋咁有價值？」有組員説：「係呀，我都養大啲仔女，重有孫。」另一位組員也説：「我養大幾個仔女，梗係有用啦。」組員從中反思到，人總會老，但老並非沒有價值。一星期後，種子發芽，四星期後，組員把羅勒苗連同其他時花苗，移植來製作組合盆栽，充滿成功感和滿足感。

鼓勵在家居種植室內植物

選擇適合室內種植的植物，讓在社區參加園藝治療小組的長者在家中照顧自己所種植物，培養對種植的興趣及發展有意義的嗜好，可以提升生活質素，而且部分室內植物例如袖珍椰子、網紋草、白鶴芋等，還有淨化空氣的作用。

適合室內種植的植物包括喜溫暖濕潤和半陰環境的觀葉植物，例如富貴竹、袖珍椰子、羅漢松、文竹、網紋草、傅氏蕨、柚子種子森林、木瓜種子森林、小麥草等；適合水種及泥種，碧玉及冷水花等；觀花觀葉植物，例如紫葉酢漿草（紫蝴蝶）、嫣紅蔓、非洲紫羅蘭、白鶴芋（白掌）、長壽花（家樂花）等；可食用植物，例如用紅葱頭種葱、用蒜頭種蒜苗；豆芽，例如黃豆、綠豆及紅豆芽菜、蕎麥芽、苜蓿芽、豌豆苗等；香草及多肉植物，例如到手香、落地生根、月兔耳、空氣鳳梨等。

羅漢松　　　　　　柚子種子森林　　　　　嫣紅蔓

（相片由周俞玲小姐提供）

豌豆苗　　　　　　　　　落地生根

🍃 4.4 個案分享

以下是兩位曾經參加了「種出豐盛人生」園藝治療小組的組員在2019 年接受訪問的分享，她們都是社區長者，每天都會去鍾錫熙長洲安老院有限公司長者日間護理中心接受服務。

A. 學到種植，可種出豐盛人生

黃婆婆從 2012 年開始至 2018 年，都有參與一間安老院的園藝治療小組。她每天都會到安老院照顧院舍花園的所有盆栽。她在 2013 年曾幫園藝治療小組做義工，協助其他參加者參與園藝治療的活動。

黃婆婆分享：別人讚我很有心思打理植物，我覺得自己有價值，好開心，
　　　　　　學到種植，可種出豐盛人生。

「看着花花草草心情開朗，打理花草覺得自己做到嘢，人生好舒服，好開心。種菜收割來食，有成功感，自己種的菜特別清甜。在院舍打理盆栽、種植，令我手腳靈活啲、眼睛明亮啲、人清醒啲、記性好啲，還記得所有曾帶領過園藝治療小組的姑娘。」

2019 年接受訪問時，黃婆婆展示她隨身攜帶在 2016 年參加園藝治療小組製作的拓印布袋，雖然已有點退色，但這仍是她珍而重之的日用作品。

「參加園藝治療小組，認識到朋友，在小組的過程中，最喜歡的是種植物，原因是喜歡與人合作做。喜歡花花草草，見到自己種的植物長高、長葉、開花，好開心，坐在椅子上欣賞盆栽植物，令生活多了很多樂趣。自己也有買葱來種，剪葱來食。

小組的過程及小組後，有與組員一同淋水、傾談，開心，令自己無病痛，不用入院舍住，不用食藥。園藝治療小組完結後，有常照顧植物、修剪、移盆栽去曬太陽、淋水，自己買淋水花灑來用，還幫院舍打理 30 盆蘭花。別人讚我很有心思打理植物，我覺得自己有價值，好開心。

完成製作園藝作品後，感到好開心，自己都做到，感到自豪。有送自己的園藝作品給院舍的姑娘，姑娘說好靚，好鍾意。特別鍾意拓印布袋，自己有做過兩個拓印布袋，一個用來放銀包、藥物、鎖匙，隨身攜帶，好實用。最大的收穫是做的作品，好實用，好方便，用拓印布袋袋平安藥；學到種植，可種出豐盛人生。」

B. 植物能加強長者與親友的互動與聯繫

葉婆婆在 2013 年開始參加園藝治療小組，當時她説自己以前沒有種植經驗，眼力不好，在那個小組的活動後期，她分享説，做園藝活動時，眼睛都睜大了。從 2013 至 2018 年，除了 2016 年外，她每年都有參加園藝治療小組。

葉婆婆分享：喜歡送植物給別人，曾有人説我家可以開花店。

「參加了園藝治療小組後，開心啲，身體好啲，精神啲，識多啲人，多咗同人傾種植的事。見到植物發芽生長，覺得有希望。我最感到自豪是學識種植蔬菜，種菜帶回家，家人讚好食，叫我種多啲，好開心，有成功感，家人摘來食，老公話我樣樣嘢都識，種嘢令我生活多咗樂趣，孫兒爭着看我參加園藝治療小組的活動相片。

我會把園藝作品放在家中裝飾，亦有送感恩壓花畫給孫女，孫女讚我叻。我最喜歡紫蝴蝶，因為它很快會開花，有很多在小組種植的盆栽，現在仍在家中種植。參加了園藝治療小組後家中多了盆栽，曾有人説我家可以開花店。我經常都有看自己的植物和淋水，最喜歡的園藝活動是種植，因為它會生長、變多，很開心，有些送給女兒、新抱、孫兒。別人有讚我種得靚及叻，我有送植物給別人，別人說種大了及種多了，會叫我去看。」

葉婆婆的女兒分享：植物對她的眼睛有好處，提起花，就好開心。

「母親參加了園藝治療小組後，精神好咗，每次拿盆栽回家，都好開心，請家人幫她淋水，曬太陽，有時會自己淋水。她告訴家人，種了花，有部分盆栽留在中心，部分帶回家，好有成功感和滿足感。她會把一些園藝作品送給個孫，令她認為自己有能力做到東西送

葉婆婆製作的乾花畫

給人。個孫讚她的乾花畫好靚，她好開心，放在組合櫃，給所有人看。2013 年母親參加了園藝治療小組後，精神好咗，她說眼都睜大咗，好開心。植物對她的眼睛有好處，提起花，就好開心。」

🍃 4.5 活動選例

近年倡議健腦運動，每天操練大腦，才能保持精靈敏捷。園藝治療透過園藝活動以輕鬆有趣的方式鍛煉思維，提升記憶力、集中能力、判斷力、解決問題能力和手眼協調。在工序設計的細節步驟上添加了不同的技巧，注入健腦的元素，豐富趣味性的同時，亦加強身體和腦部的靈活性。

用橡皮圈和筷子分隔種植區

播種時需要調整株距行距，對腦部受損害或視力差的長者可能比較難理解和準確地播種。為了更容易掌握，可以利用合適大小的橡皮圈，首先按次序佈置在泥土表面，一行一行地排列，平排或交替排列。橡皮圈的顏色和泥土有對比，視力較弱的人士會更容易看到。這個步驟讓長者自行擺放，如果想增加互動，更可以讓組員彼此檢查橡皮圈分佈是否平均，或作出調整。然後在每個橡皮圈裏面放兩三粒種子，按

在泥土表面放上橡皮圈（上）；種蔥頭／蒜頭：每個圈內放一粒。（下）

種子大小而定，盡量放到靠近中心位置。如果是種葱頭蒜頭就可以每個圈放一粒。放完種子後再檢查一遍，確實沒有遺漏就可以將橡皮圈拿走，跟着鋪一層薄薄的泥土在上面，輕輕澆水至泥土濕潤，加上植物牌就完成了。

在泥土表面放上筷子作分界定位。

為了幫助訓練長者對空間感的掌握，特意將兩種或三種植物種在一個大盆裏成為組合盆栽，平均分隔種植位成正方形、長方形、半圓形、三角形等，利用筷子作分割工具分界定位。為方便在種子未發芽和發芽期仍然能分辨不同區域，筷子可以留在泥土表面，並加上植物牌清楚列明，提醒長者在維護植物時知道種了什麼。

播種或移種其實是理性思維的工作，要照顧到株距行距以及深度，種子擺放位置要正確，如果沒有清晰引導，有些人較難掌握，變成壓力。當種植時清楚分出位置，長者能夠很安心地在那個範圍播種或移種，不需要重複問是否做對了，也不會擔心犯錯，讓他們放心去享受種植的過程，心情放鬆，往往容易聯想起往事，引發滔滔不絕的分享。

採收作物，製作豐收包

收成是種植作物最精彩的時刻，種植過程就是期待着開花結果，收成之日。這是悉心護理的推動力。活動取材是彩虹辣椒和綠豆。選用正在

開花結果階段的彩虹辣椒，枝上長着三種顏色的小辣椒，紫的、橙的、紅的，還有小白花，襯托着綠油油的葉子，非常吸引。每周活動時，長者需要照顧盆栽辣椒，修剪枯葉，淋水鬆土，定時施薄肥。辣椒成熟過程由紫變橙再變紅，每次只可以收取紅色的辣椒，需要留心尋找，這些都是鍛煉觀察力和手眼協調。有組員常說眼睛不靈看不清楚，但面對肥美可愛的辣

收成小辣椒

椒時，就忘記了一切顧慮，開心地找成熟的辣椒收取，看到枯葉就拿剪刀剪掉，滿心歡喜。因為開花期有一段時間，每次活動也看到辣椒成熟，可以收取數量也愈來愈多，大家更為興奮。每次也要求長者數算並記錄收了多少粒辣椒，無論多少，只要有得收，大家都很滿意。為保安全，必須提醒如果有辣椒過敏就要戴手套，收剪果實時要小心剪莖而不是拔辣椒，免得辣椒素沾到皮膚或眼睛而不適。對認知障礙的長者就要加倍留意免得有人將辣椒放進口裏。

收割綠豆豆芽和辣椒做豐收包

147

　　在短時間裏能夠從播種至收成就莫過於種豆芽，既容易又有滿足感。適合種植的豆芽很多，例如綠豆、豌豆、苜蓿、蕎麥、葵花籽等。每人種一盆綠豆豆芽，由播種到收割只需一周，剛好連續兩節課完成，在短時間內觀察種子的變化，看到親手播種的成果，加強成功感和滿足感。收割豆芽當天同時也收取辣椒，每人有一個豐收袋盛載嫩綠豆芽和鮮紅辣椒，再加一個心形牌寫上出產日期和人名，就像一個精美的新鮮蔬菜禮包，送人、自用或與家人分享。拿着親手種植和收割的豐收包，好不自豪啊！

4.6 園藝治療可提升長者的生活質素及身心健康

紓緩抑鬱情緒

- 活動富趣味性，有轉移負面思想的作用，幫助放鬆心情。
- 透過種植、觀察種子發芽、成長，體驗植物的生命周期，引導反思，提升正向情緒及帶出希望感。
- 在園藝治療小組中，增加社交活動，減少孤獨及無助的感覺。

為自己的草頭娃娃，修剪頭髮，不亦樂乎。

組員一同設計及照顧小組花園，有共同目標。

收成櫻桃蘿蔔，充滿成功感。

讓長者感覺自己是有用及被需要的

- 照顧植物，由被照顧者轉為照顧者的角色。
- 見到植物在自己的照顧下發芽、成長、收成或開花等，有助提升長者的自我效能感。
- 學習了種植技巧後，可以在園藝治療小組中，以義工身分協助新的長者組員做園藝活動。

每天照顧盆栽，既可美化環境又能提升長者的自我效能感。

鍛煉體能

● 種植、澆水、植物護理等，可增加長者的手部肌肉活動。

● 多元化的園藝活動，可訓練長者的手眼協調及靈活性。

用鑷子鉗壓花，貼上匙扣，訓練手眼協調。

在蛋殼移植佛甲草及扦插到手香，訓練手部的靈巧。

按壓出水苔球訓練手部肌肉。

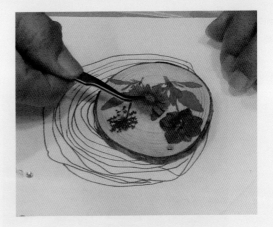

以樹木的年輪，分享人生故事。

保持精神活躍

- 認知訓練 —— 重複種植步驟，認識及記憶植物名稱，解決種植上遇到的難題。
- 製作富創意的園藝作品。
- 分享種植經驗及人生故事。

藉植物及園藝作品，促進組員與親友及社區的聯繫

- 與家人一同欣賞及照顧植物。
- 製作園藝作品作為禮品，送給親友及長者中心。
- 在長者中心展出長者的園藝作品，加強他們與中心的訪友及社區的聯繫。

把園藝作品放在中心的展覽櫃，與社區人士共同欣賞。
（相片由周俞玲小姐提供，作品出自沈田玉小姐）

第五章

園藝治療與院舍長者

賴瑞琼
註冊園藝治療師（HKATH）

🍃 5.1 院舍長者的靈性健康

「居家安老」相信是很多長者的願望，留在熟悉的環境，與熟識的街坊鄰里為伍，然而，各種家庭環境以及長者身體狀況可能令照顧長者的人士感到困擾，而需要考慮將長者安排在安老院舍短暫或長期照顧。

隨着愈來愈多長者以院舍為家，院舍服務已不單只照顧長者的生活起居及醫療照護，更着重長者的全人健康，即是身心靈的需要，尤其居住在院舍內的長者因為重新安置與環境改變，心理上要過渡一段適應期。所以更加需要關注他們在靈性上的需要，這主要因為有以下幾方面的因素影響：

- 每日固定流程
- 每日相同活動
- 在院舍感到沒有盼望
- 社會層面上的負面標籤
- 沒有能力改變院舍內的狀況
- 離開熟悉的環境、親友、社區

提供機會予長者接觸大自然及欣賞四周環境，是其中一種提升院舍長者靈性健康的方法。

因此近年有不少院舍為院友舉辦園藝治療的相關活動，令他們在院舍的生活更感豐盛有意義。

何謂靈性健康？

「靈性健康」是一種：欣賞及肯定自己的過去、積極活好現在、妥善安排將來日子的一種超脫能力和態度。

研究發現，長者如能從「自我」、「家人」、「朋友」、「他人」及「環境」的互動中建立和諧關係，便會提升這種能力和態度，領略個人的生

命意義、存在的目的和價值，得到靈性滿足。根據世界衛生組織的定義，優質的健康生活包括身體、心理、社交、靈性四方面的滿足感。也就是說，全人健康必須要包括靈性健康，什麼是靈性健康？通俗地說，就是擁有「充實的人生」，用較為學術的語言來表述，就是當長者能夠體現個人的生命意義、存在目的和價值，必定會感到有意義和充實，這時我們就說他們達至了靈性健康。

【資料來源：參考資料 3 及 4】

5.2 範例分享：「小島悠樂場」園藝治療小組

小組簡介

服務機構：鍾錫熙長洲安老院有限公司 溫浩根護理安老院

活動日期和時間：
2018 年 10 月 5 日至 11 月 30 日，
星期五下午 3:30 至 4:30，每節 1 小時

節數： 8 節

組員概況：

8 位院內長者（一半的長者有不同程度的認知障礙症，其中 5 位可自行行走活動，3 位需輪椅輔助）

小組名牌

小組目標：(1) 促進正向情緒及愉悅感。

(2) 提升自我效能感。

活動地點：院舍 3 樓的活動室

植物放置：

　　進入院舍正門位置有一株高大的白蘭樹，樹下擺放了兩張長形休閒木櫈，面對着院舍啟用的記念石碑，石碑兩旁有幾十呎花槽空間地方，於小組內由組員栽種的全部植物，均放置於這個「小小花園」中。平日由院

舍的長者義工幫手照顧植物，每次小組活動就由職員安排用物資車運往 3 樓活動室。雖然面積不算大，但由於是進入院舍必經之地，以及長者愛坐於樹蔭下，所以這個位置是相當不錯的，不但可以讓往來的人們欣賞到組員栽種的植物，更便利一些組員到來親手照顧自己的盆栽！

院舍的小花園是組員的花盆擺放區，方便觀賞和照顧。

植物選擇：

是次小組選用了 4 種植物，包括紫葉酢漿草、彩葉草、小麥草及空氣鳳梨草。考慮到是次小組栽種的植物可以全部放到室外擺放，故選用了多款適宜戶外培植的植物；而由於空氣鳳梨草不用泥土培養，院舍亦放心組員把空氣鳳梨草小盆栽帶回自己的牀頭櫃作擺設。

目標評估：

1. 前後測利用「一般自我效能感量表-中文版」（General Self-Efficacy Scale，Ralf Schwarzer）以評估目標達成率。前後測共有 10 條問題以 4 點量表為準則，分為「非常同意」、「同意」、「不同意」及「非常不同意」。

2. 另外，亦自訂一張簡單的問卷，收集組員對小組的喜歡程度，問卷有「很喜歡」、「普通喜歡」和「不太喜歡」3 個選擇，組員以貼星星貼紙形式表達意見。

節次	日期	活動
一	5/10	時花移盆：紫葉酢漿草
二	12/10	美麗壓花 DIY
三	26/10	扦插彩葉草
四	2/11	奇妙‧創意‧空氣草
五	9/11	壓花杯墊設計
六	16/11	倒掛盆栽：彩葉草＋小麥草
七	23/11	香草包製作
八	30/11	活動相集製作

A. 活動選例

第一節 時花移盆：紫葉酢漿草

簡介： 先請組員裝飾自己的花盆，然後再一起混合泥土，再將培植在三吋盆的紫葉酢漿草幼株移植到六吋盆中，其間園藝治療師指導組員澆水、施肥、培土，照顧過程貫穿整個 8 節的小組。

材料： 培養土、珍珠岩、蛭石、六吋花盆、泥鏟、紗網、貼紙、紫葉酢漿草、植物名牌

步驟：

1. 讓組員選擇不同圖案及顏色的貼紙，設計自己的花盆。
2. 給每位組員一盆輕微濕潤的培養土和兩小盆珍珠岩和蛭石，用泥鏟混合。
3. 把紗網放在花盆底，再放入已混合好的泥土至盆的一半。
4. 把紫葉酢漿草幼株小心脫盆，植入大花盆中，然後加泥至盆頸位。
5. 輕壓泥土以固定植株，平整泥面。
6. 澆水至盆底水流出，以利根與泥土更貼服。
7. 最後插上植物名牌。

治療師考慮：

　　花朵有一種特別的柔性魅力，讓人望見花，愉悅心情油然而生。不同性別的長者也容易被吸引而安靜下來，專注地去欣賞。刺激長者的感官，促進正向情緒。所以在是次小組選定用紫葉酢漿草這種常開花植物作為主要植物，貫穿整個小組。利用它特別的葉形、姿態、特性及容易種植的條件，展開與組員的互動聯繫。

　　紫葉酢漿草是其中一種很適合用於園藝治療的開花植物，以下有一些相關資料，讓大家進一步認識一下：

植物介紹： 搖曳生姿、展現動感美態的紫葉酢漿草

移盆 3 星期的紫葉酢
漿草已長出一朵朵小
紫花。

葉子有趣的閉合現象，難得引起組
員的留意及好奇心。

　　紫葉酢漿草（*Oxalis triangularis*）是酢漿草科酢漿草屬的多
年生草本植物，原產於巴西。葉子為紫色，如同蝴蝶翅膀的形狀，
呈倒三角形，花為淺粉紅色。其葉子對光線敏感，根據光線的明暗
開合，產生睡眠運動於夜間閉合，這種有趣得意的特點，大大提升
了它的觀賞性。

　　放在小花園中的紫葉酢漿草就像一隻一隻迎風飛舞的紫色蝴
蝶，所以別名又叫紫蝴蝶，細長的葉柄和紫色的葉加上粉紅色的小
花，給人帶來美麗的視覺刺激；而且容易種植，幾乎全年都可以開
花，所以組員們都很喜歡，可自行走動的組員平日百般無聊時會閒
坐於院舍長椅中，觀賞下植物，看紫葉酢漿草的紫葉飄動。

【資料來源：參考資料 7】

園藝治療師心得分享與小組點滴

1. 欣賞植物，搭建聯繫的橋樑

　　在每節小組照顧植物的過程中，除了淋水施肥修剪之外，也會加入
「欣賞植物」的時間。

「欣賞植物」是一個重要的治療環節，可以協助組員平靜情緒，紓緩煩躁，增加交流等。過程中需留意組員的專注持久度，時間不用長（過長會減低熱情），一般約 10 分鐘，視乎當節內容及工序而定。治療師會營造一個輕鬆和諧的氣氛去展開，不單用眼睛去看，而是利用五感的元素去帶動欣賞和觀察，鼓勵組員分享，講出所見所感。透過直接表達叙述成為一次屬於個人的欣賞經驗，搭建組員與植物聯繫的橋樑。

2. 組員體會

園藝治療師在整個小組完結之後，訪問組員連婆婆（化名）為什麼見到花這麼開心，她表示：

「我好鍾意種花，你話畀其他人聽種花好開心喍，見到植物長高長大，好開心，人都變得精神！不過人人都想種得靚但又不可太強求，好似我阿仔在天台種了很多花好靚的，但一場大風雨來到，全部都無晒，真係強求唔到太多，做人都係咁！無所謂啦唔好強求！」

由幼苗到成株，由只有葉到長出花柄，由花蕾到盛開，由一朵小花到滿盆小花，帶給連婆婆親手照顧的喜悅與成功！

連婆婆愛走到小花園中賞花及幫手照顧植物，從中也得到一些啟發。

剛剛移盆，等待長大。

● 植物引發回憶

　　第一節移盆時，組員見到紫葉酢漿草的根莖，引發起腦部記憶功能。
有組員憶起舊日窮困日子曾吃過類似酢漿草的根充飢，他們稱呼作「蘿蔔
仔」，其實是酢漿草根狀球莖，像非常細小的蘿蔔似的，充滿汁液。還
有組員聯想到跟紫葉酢漿草有點相似的黃花酢漿草及綠葉酢漿草，這兩
種常佈滿路邊的野花植物。回憶昔日的生活特別容易引起組員間的共鳴，
話題自然而起，促進了彼此的交談機會。

酢漿草球莖上布滿芽
眼，將其切成小塊埋於
泥土中，也能很快生根
長葉，長成新的植株。

植物介紹：田野上的姊妹花——黃花酢漿草（*Oxalis corymbosa*）**及**
紫花酢漿草（*Oxalis corniculata*）

紫花酢漿草

黃花酢漿草果實呈錐狀蒴果，約 5
至 20 mm，成熟時會爆裂噴出種子。

第四節 奇妙・創意・空氣草

　　這是一個盆景小擺設——讓組員在一塊直徑約 10cm 的小年輪木塊上，配上不同的裝飾公仔，成為空氣草的棲息地。由於空氣草可以不用介質作培植，平日照顧時較為簡單方便，院舍也讓組員將這個植物小盆景帶回自己的牀頭櫃面擺放，方便每日用小噴樽噴灑霧水。

　　同時，治療師利用樹木年輪形成的特性，跟組員一同回望自己走過的歲月，是辛苦是開心，是艱難是順境，一起傾講暢談，藉此互相打氣。為現時的生活加油！治療師按組員的分享叙述替她們畫出自己的人生年輪，從另一角度看看自己走過日子的闊闊窄窄。

裝飾上可愛小動物，更顯生氣。

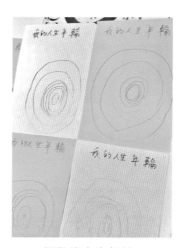
組員的人生年輪。

材料：小年輪木塊、空氣草、小噴樽、裝飾品、作品名牌、百寶貼、A4
　　　　紙一張、顏色筆

步驟：

1. 讓每位組員抽取一塊小年輪木塊，帶領組員欣賞木塊的質感、顏色、氣味、紋理等。

2. 帶領組員分享年輕歲月和現在院舍的生活，聽取感受。

3. 按分享畫出自己的年輪，艱難歲月可用較密和窄的圓環代替，開心日子可用較寬闊圓環代替，簡單畫出組員的人生年輪圖，輔助分享。近圓心處代表往時的日子，最外圍代表現在的生活。

4. 給組員裝飾品去設計小年輪木塊。

5. 在裝飾好的木塊上放上一棵小小空氣草。

6. 為小盆景想一個名字並寫在名牌上。

7. 最後派給每人一個小噴樽，指導組員每日噴水保濕。

植物介紹： 奇妙有趣的空氣草（Air plant）

　　空氣草屬鳳梨科植物，學名鐵蘭 *Tillandsia*，又名空氣鳳梨。空氣草的根部只作固定之用，所有營養和水分全賴葉子吸收，因此毋須土壤便能生存。花穗的生長會因品種而由數星期至數月不等，而花朵的顏色亦因品種而有所不同，其中以紫色為主，亦有紅、黃、藍和白等顏色。當花朵凋謝後，空氣草基部的位置一般會長出新芽，從而進入另一個生命周期。

【資料來源：參考資料 8 】

樹木年輪（Wood Ring）

樹是活檔案，樹幹裏的年輪就是樹木一生的成長紀錄。

年輪，是指樹木在周期性成長後，因為快慢生長的交替，留下肉眼可辨的「同心圓環」。它不僅說明樹木的年齡，還能說明每年的降水量和溫度變化。樹木在春天生長快、夏秋較慢，冬天則停止成長。樹木主幹裏生成一圈又一圈深淺相間的環，就是一年增長的部分。

每塊樹木年輪也有不同，人也是。

樹是活檔案，樹幹裏的年輪就是樹木一生的成長紀錄，有闊有窄，有淺有深。

春天時候，雨水充足，細胞長得快，木質生長得鬆軟，也就是構成年輪上直徑寬厚、但顏色淺淡的一圈叫「春材」；待到夏秋交替，天冷了，樹木開始減少吸收水分，讓細胞壁厚一點，就像穿上厚重的衣服抵禦將來的寒冬，所以緩慢成長的速度讓年輪加深顏色，形成直徑單薄但材質堅硬的「秋材」。愈是生長環境季節明顯的樹木，就會有以上不同的春秋材，所以數年輪的方法要一淺一深一起數，才是完整的一年！

園藝治療師心得分享與小組點滴

1. 選擇植物 保持接觸

考慮到院舍會關注植物留院照顧的衛生情況，所以選擇了不用泥土不用水培也可繁殖的空氣草，減少滋生蚊蟲的機會，這是適合給院舍長者作室內擺放的小盆栽，而且部分身體狀況較理想的長者也可自行照顧植物，大大提升他們的對植物的興趣，延展後續的效益。

2. 先建立關係 有利進入分享

這一節的內容涉及回想從前的部分，留意組員的情緒可能會被牽動，治療師需留意這個環節不用作深度的引領，有需要時要作適度的情緒紓緩及個別的跟進。另一方面，這一節的內容最好安排在小組中後期，即在第四節或以後才推行，待組員之間關係較為熟諗，建立了一定互信程度，這樣會更有利於分享交流的互動氣氛。

3. 植物帶引 釋放情緒

創作過程提供專注又放鬆的時間，讓組員享受當下，借助觀察樹木年輪回溯自己一生，釋放埋藏在內心少有與人分享的感受，幫助抒懷減壓。

4. 好奇啟動感官

組員覺得空氣草很新奇有趣，從未聽過植物不用泥土和水培也可以存活的，她們好像有點不相信。還以為放在面前的空氣草是仿製植物，用塑膠做的呢！植物激發起她們的好奇心，組員用手細意地摸來摸去，細心到可摸到空氣草毛茸茸的感覺，開啟了觸感的感官。

5. 親手創作 感受滿足的喜悅

藍婆婆常把這小盆栽掛在口邊，與人分享。

　　其中一名老友記藍婆婆（化名）喜歡欣賞自己的植物，常說望到植物很開心，她把唯一一個放在自己房中的植物小盆栽——空氣草，常掛在口邊，「花生得好靚，開花呀！」每次見到治療師均講一次，有一堂更帶回小組中給各位組員欣賞！她到電視廳看電視時，也常會把空氣草盆栽帶到一起，因那裏比自己房間更陽光充沛，可以一起曬太陽哩！ 同時，也吸引了院友及職員注意，她們很欣賞，讚她設計得很美麗，她聽到就感到很開心。

連婆婆喜歡鮮艷的顏色，從她的作品也反映出來。

　　另一位組員連婆婆表示空氣草盆栽是她其中一個最喜歡的作品，因為它五顏六色好美麗，是「我自己設計的，我很喜歡！我送了給兒子，告知仔是我自己做的，囑咐兒子把空氣草盆栽帶回家要好好照顧它」。因為她說自己的牀頭櫃有很多雜物，沒多地方擺放哩！

6. 集體的回溯，是眷戀舊日？還是樂活今天？

　　利用空氣草不用泥土種植的特性，以便組員放入院舍房間擺放，加強作為照顧者的角色，同時，配合樹木年輪引領組員自畫「生命年輪」作一次人生回顧，眷戀舊日時光，還是樂活於今天？且聽聽她們的分享（節錄）：

- 組員莊婆婆形容「老人院生活好多元化，好多嘢學，我覺得現在住老人院幾開心」，顯示她能逐步適應院舍生活，感到滿意，而對年輕時與親友一起的生活片段就評價一般，亦不想多提！

身體曾中風的莊婆婆在分享中提到現在居住在院舍比起年輕時的生活愜意。

- 組員藍婆婆在小組後期的參與明顯積極，在分享環節有較多的個人心情的吐露，年輕時「揹」大5個孩子的「很辛苦」往事到晚年較安樂的生活。因丈夫離世，獨力持家已不容易，更要做苦力掙錢供樓，自己個子矮小，人家擔兩包泥頭她就擔一包，坐在她身旁的組員周婆婆聽到她的分享，也伸手舉了一個大拇指給她呢！在園藝治療的介入下，較容易促進組員互動社交，自然引發話題，給大家一個難得機會抒懷。藍婆婆現在有孫有室（曾孫）好多下一代，雖然入住老人院但她感到生活開心，表示「現在比後生時開心」。

- 李婆婆因年紀大要輪椅代步及雙手手指彎曲操作不便，她說「梗係後生好啲，有嘢做，開心啲」，對現時生活帶一點無奈！

- 黎婆婆：「後生時採桑葉養蠶的生活雖然辛苦，但有得做嘢就開心，喺家對腳唔聽話，行唔得條氣又唔順，無以前咁開心……」

- 楊婆婆就很逍遙似的，十分滿意人生，因為她說自己行得走得，從來無缺過物質，無憂過柴米，雖然老公早走，「咁無辦法啦！唔通我自己都去死呀？留低啲仔女咩？生活還是要活下去的！」

7. 引導回溯 注意劑量

園藝治療師在這環節藉樹木年輪帶領組員回憶抒發再畫自己的年輪圖，讓她們訴說從前與現在，要注意小心輕放劑量，避免引起組員過度的情緒。在表達吐露之後，引導思想活在當下一刻，幫助她們肯定自己過往的能力引以為豪，從而增強組員的自尊感和自信心。這方面對院舍長者尤為重要，因為長者入住院舍後有時會較難有一個很強的自我價值，因為院舍已為長者安排日常一切所需。在是次小組中，就約有半數的組員也表示比較安於現在的生活，在分享的同時，其他組員也有安慰的回應：「老人院咪幾好，又有得食，又有好多嘢玩，相對後生的歲月要為口奔馳十分刻苦哩！」也發揮着一種同伴無形的支持力量。

第五節 壓花杯墊設計

● 「夕陽無限好 那怕近黃昏」意境無限

組員文叔創作了精緻的壓花杯墊，內裏用的乾花是用了一個月時間壓製而成的美麗壓花——兩朵小黃菊和扁柏葉，是他在第二節親手用鮮花壓成的。文叔在多句金句中挑選了「夕陽無限好，那怕近黃昏」並親手提筆寫在杯墊上；並沒有解說太多自己的創作意念，只笑說：覺得靚囉！

第二節使用鮮花製作壓花。

一個月後製成壓花，利用來做出美麗創作。

文叔手握杯墊留影

167

● 限制中也能發揮園藝治療的延續效益

栽種植物如過度澆水或不當施肥，容易令根部腐爛，滋生細菌並招惹蚊蟲，這是院舍會小心考慮園藝治療小組植物或小盆栽安置地方的原因。院舍基於整體環境衛生及院友健康的考慮，多數會建議將植物擺放在室外。組員基於活動能力限制，也不方便恆常跟進植物的照顧，往往只能等待每星期開小組時才見到自己種植的植物，這樣對組員作為照顧者角色的參與感和投入感會有影響。為了彌補這方面的限制，園藝治療師更需整全地考慮方案設計及工序分析，如何取長補短。有以下建議：

1. 每星期才接觸一次自己的盆栽或植物，對於記憶功能下降的長者，未必會認得出是自己所種，可以透過「重複動作，加深記憶」去幫長者留印象。

例如澆水、施肥、培土、混合泥土等工序盡量刻意讓組員自己親手去做，所以在有限的 45 分鐘或 1 小時內，也要適當分配時間，不宜安排太多的內容，避免急趕一輪後卻忽略了經驗細節。園藝治療屬非言語介入的治療模式，進行簡單而有意義的忙碌是有目的的安排，只有親手操作過、體驗過才有望鞏固記憶思維。

撈呀撈！二人合作混合泥土　　　每次也親手照料　　　組員專心地種花

2. 園藝治療師分拆工序時需考慮在自行做得到及有適度的挑戰的操作取平衡點，在難易適中裏，較容易發掘個人的潛能及引發體會，付出過努力去照顧植物的感受會較明顯。

給予適度的協助，鼓勵小手肌不靈活的組員自行操作步驟。

把工具放到雙腿上，方便手指變形屈曲的組員較容易自行操作。

3. 為了加深組員對小組的投入及加深對小組植物的印象，可以預備小組活動相集給組員，每次由組員自行貼上活動的照片，亦可以配上一點裝飾顯現個人化。選擇相片給組員時，除了選一些組員與成品望鏡頭的指定相片外，請也準備一些顯示組員操作中的相片，例如，用手執膠匙放泥入盆中，用手指插入花盆探測泥土濕度等，目的是讓組員目睹自己照顧植物當下一刻的情況，喚起與植物接觸和照顧植物的片段。

每人一本小組相集，喚起組員與植物接觸和照顧植物的片段

第六章

園藝治療與體弱長者

譚秀嫻
註冊園藝治療師（督導）（HKATH）

6.1 引言

社會老年化是全世界都在面臨的一個問題，人口老化現象日益嚴重，聯合國人口處估計，到了 2050 年，60 歲以上的長者人口，將佔全球 31%。香港人愈來愈長壽，根據香港政府統計處人口統計資料，1999 年香港男女兩性出生時的預期壽命是 77.2 歲及 82.4 歲。在 2006 年，男女兩性壽命預期增加至 79.4 及 85.5 歲。醫學進步令壽命延長，到了 2020 年 1 月，60 歲或以上長者，佔了香港總人口 25.5%，根據世界衛生組織定義，65 歲以上人口比率達 20% 或以上屬「超高齡社會」，可見香港人口老化問題相當嚴重。

香港地少人多，體弱長者多被安排到安老院內照顧，但安老院宿位短缺，長者在輪候入住院舍前，仍需留在社區生活。筆者於安老院舍工作十多年，大多數體弱長者情緒上偏向悲觀，容易感到挫折，他們受到體能、身體狀況限制，機能和體力降低，耐力不夠，動作遲緩，容易疲倦，進食困難，五感退化，不同痛症的困擾等等，長者掌握和控制能力大不如前的情況下，令他們自信心、自我認同感低落，在不想麻煩別人的情況下，他們選擇自我解決，不向外求助，同時亦不懂如何表達，這些情況增加了他們生活中的無力感和孤獨感，在社交生活上亦變得封閉。

【資料來源：參考資料 1 至 5】

6.2 理論參考

美國心理學家馬斯洛（Abraham Maslow）提出影響深遠的需求層次理論（Hierarchy of Needs Theory）。當中提出個人有 5 種需求：生理上、安全上、社交上、尊重上和自我實現上，該理論經常以金字塔圖像表示：

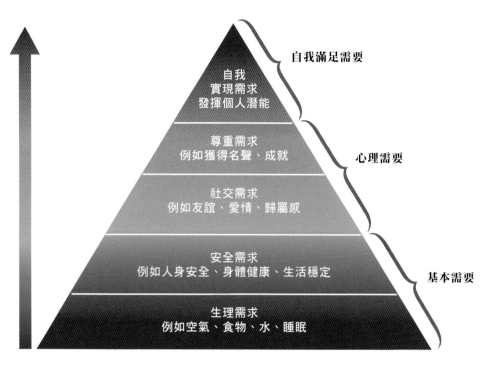

自我滿足需要

自我
實現需求
發揮個人潛能

尊重需求
例如獲得名聲、成就

心理需要

社交需求
例如友誼、愛情、歸屬感

安全需求
例如人身安全、身體健康、生活穩定

基本需要

生理需求
例如空氣、食物、水、睡眠

基本需求滿足後，個人需求遞增至心理需求，最終達至自我實現層次。

從上圖中我們可以了解到，體弱長者的情況，正面對個人需求的挑戰，他們正處於較低的需求水平，難以掌握，生活素質削弱。

園藝種植是一項非常適合體弱長者的治療方法，緩和他們的情緒和心理問題，用適合他們的方式和速度回復個人心理需求。經過設計的園藝治療課程，能改善長者社交、心理、生理及心靈等層面（Simon & Stratus, 1998）。香港理工大學護理學院老年護理研究中心、博愛醫院及香港園藝治療協會於 2014 至 2016 年攜手合作了一項研究「園藝治療對長期居於院舍的體弱長者之效益」，結果指出，園藝治療對於這類長者在改善情緒、動機、小肌肉功能、社交互動、感官刺激和回憶過去有正面的效用，亦有助長者更好地融入院舍生活。

生物多樣性之父愛德華‧威爾森（E. O. Wilson）提出了「親生命性假說」（Biophilia hypothesis），裏面指出，人對生物的喜愛是天性，如果與大自然中的花草樹木不接觸，會形成身心上的問題。根據這假說，我們可以知道體弱長者若與大自然有規律地接觸，對他們的身心改善應有一定的幫助，我們正好利用這一個自然的方法，讓體弱長者在自然放鬆的狀態下，得到不同方向的改善。

植物有一種柔性的魅力能吸引長者去接觸，種植過程中可以幫助體弱長者在安全和認識的環境中，做了輕鬆的身體運動，分散病痛帶來的抑鬱情緒，重拾自我控制、選擇、判斷和決定；情緒得以改善後，重新欣賞生命的美好和懷抱希望，也感受到自己仍是有能力的人。

【資料來源：參考資料 6、7】

🍃 6.3 範例分享：「天晴心晴」園藝治療小組

A. 小組簡介

「天晴心晴」小組是在伸手助人協會畢尚華神父護老頤養院內舉行。院舍獨棟多層，於二樓和地下各有花園及有蓋活動場地，平日院舍活動大都在此舉行。院舍花園由機構花王協助照顧，是次小組，由安老院申請了基金，在花園打造一個「感官閣」，並選建於院舍進入後必經之路上。安排長者參與園藝治療小組，希望在小組參與的過程中，提升生活質素，感受到成功感和自我效能感；讓院友多參與院舍活動，從而增加對院舍的歸屬感。院舍花園內已種植一些植物，也有些高架式花槽。

組員住在院舍，需要跟從團體生活，固定和有規律。隨着院舍生活中有工作人員的照顧和協助，組員發揮自我能力的機會不多，長者容易降低自己形象和自我價值的認知；在這個小組中，安排了不同的活動，組員都必須要自己去完成，讓組員重拾自我控制感和做決定，在小組開始時，他們知道自己有個重大的任務是建立院舍花園內的感官閣，要為院舍出一份力。

　　佈置感官閣是院舍申請基金中基本的要求，亦成為組員對院舍有歸屬感和成功感的關鍵，感官閣內所有事情都是他們一手一腳建立，把感官閣打理得好，讓所有院友、工作人員和探訪者都知道是他們種植的花槽，可以提升他們的成功感。

感官閣

小組資料

小組日期 ： 2018 年 7 月 7 日至 2018 年 8 月 2 日

時間 ： 上午 10:50 至 11:50

節數 ： 8 節

地點 ： 頤養院有蓋活動場地及地下花園

服務對象 ： 院內體弱長者 8 人

組員概況：

● 小組共 8 位體弱長者，6 女 2 男，年齡在 84 至 101 歲之間。

● 在行動上，大部分組員都行動不便，除了兩位可以自行走動外，其餘有一位使用拐杖，三位使用助行架，兩位坐輪椅，而所有組員都不能長時間站立。

● 聽力上，有四位組員弱聽，其中三位有佩戴自備的助聽器，另外一位則沒佩戴，但需要靠近說話才能聽清楚。

● 組員中有三位是中度認知障礙，其中一位兼患有柏金遜症。

● 一半組員較為被動，兩位是操客家和浙江方言，他們聽得懂但不會說廣東話。

目標：

1. 提升生活質素——提升正向情緒及自我效能感。
2. 佈置感官閣，讓組員感到有歸屬感和成功感。

活動內容：

節次	活動內容摘要	節次	活動內容摘要
一	• 前測 • 遊花園觀賞植物，認識感官閣花園位置 • 認識泥土成分及混合泥土 • 扦插吊竹梅	五	• 跟進植物，整理園圃 • 收集鮮花鮮葉，自製壓花
二	• 跟進植物，補種、修剪、淋水 • 扦插到手香 • 花槽鬆土整理、施肥	六	• 跟進植物 • 設計感官閣園圃，製作壓花名牌
三	• 跟進植物，花槽護理 • 扦插夏季時花：松葉牡丹及大花馬齒莧	七	• 跟進植物 • 移種植物至感官閣 • 學習分株法
四	• 跟進植物，修剪、補種、施肥、澆水 • 整理花園內黃金葛吊盆，扦插黃金葛	八	• 跟進植物 • 佈置感官閣 • 回顧總結、後測、滿意度問卷

植物 ＼ 節次	活動							
	第一節	第二節	第三節	第四節	第五節	第六節	第七節	第八節
吊竹梅	扦插	植物照顧	植物照顧	植物照顧	植物照顧	植物照顧	組合盆栽	植物照顧
到手香	-	扦插	植物照顧	植物照顧	植物照顧	植物照顧	移種	植物照顧
松葉牡丹及大花馬齒莧	-	-	扦插	植物照顧	植物照顧	植物照顧	移種	植物照顧
黃金葛	-	-	-	整理舊盆栽、施肥、扦插黃金葛	植物照顧	植物照顧	組合盆栽	植物照顧
時花（夏堇／芙蓉）	-	-	-	-	自製壓花	利用上節壓花製作感官閣名牌	移種	植物照顧

B. 活動細節

第一節　遊覽花園觀賞植物，認識感官閣花園位置、扦插吊竹梅

活動摘要：

- **遊覽花園：** 由園藝治療師和義工帶領組員遊覽和探索花園，治療師介紹花園植物，讓組員了解花槽的陳列方式，對感官花園有初步概念，增加製作時的信心。組員重新認識生活環境，增強對院舍的歸屬感。因組員不能長時間站立，職員準備了多部輪椅，分組推組員到花園參觀。

向組員介紹感官閣位置和日後佈置地點。（相片由伸手助人協會畢尚華神父護老頤養院提供）

- **扦插吊竹梅：** 帶領組員認識吊竹梅。其葉片色彩鮮艷多變、觸感舒適又容易生長，吸引組員去嘗試種植，容易投入。治療師引導組員觀察吊竹梅特性和學習扦插法，作為日後花園吊盆佈置之用。每位組員剪下 3 枝植株，認識泥土結構和混合泥土後，用 4 吋花盆種植，最後用花灑水瓶澆水，並插上有植物名稱和圖片的名牌，由組員分享他們的製作感受和欣賞別人的盆栽。

與植物初接觸　　　　　學習混合泥土　　　　完成扦插吊竹梅
（相片由伸手助人協會畢尚華神父護老頤養院提供）

第二節 花槽鬆土整理，施肥，扦插到手香

活動摘要：

- **與組員重溫上節活動：**分享感
  受，跟進吊竹梅情況，修剪、
  淋水。

種植到手香

- **扦插到手香：**帶領組員以感官
  探索、認識香草到手香，了解
  其特性；重溫混泥和扦插原則。
  組員按扦插法剪下 3 枝植株，
  混合泥土後用 4 吋花盆種植，
  最後用花灑水瓶澆水，並插上
  有植物名稱和圖片的植物名牌，由組員分享製作感受和欣賞別人的盆栽。

  所有動作與吊竹梅相同，用意讓組員以統一的方法製作，增強熟練度
  和記憶，也增強自信心。到手香日後將種植在感官花園內。

- **鬆土施肥：**帶領組員到花園，圍繞在高架式花槽旁安坐，治療師介紹
  感官花園的意念，然後教導組員鬆土和施肥。完成後讓組員分享鬆土
  感受和為花槽準備，提示組員日後製作好後，所有經過的人都會欣賞
  到他們的成就。

為感官閣翻土施肥

第三節　花槽護理，扦插松葉牡丹及大花馬齒莧

活動摘要：

- **跟進前二節植物：**澆水、整理泥土、添土、修剪、補種、擦拭花盆。
- **扦插時花：**帶領組員以感官探索、認識兩款夏季時花。先觀賞松葉牡丹，安排每兩人一盆，辨別顏色，感受其枝條和泥土砂質感，量盆栽重量，知其輕重，感受與前兩節植物之不同。再與大花馬齒莧比較，二者性質相近，讓組員觀察箇中不同。

  承接首二節方法，混合泥土及將兩種花卉扦插於 4 吋花盆內，不限扦插數量，讓組員多操作，從而得到更多成功感。

- **花槽護理：**護理感官閣以外高架式花槽，組員協助除草和撿走枯葉。

松葉牡丹
（相片由伸手助人協會畢尚華神父護老頤養院提供）

扦插松葉牡丹
（相片由伸手助人協會畢尚華神父護老頤養院提供）

第四節　整理舊盆栽，扦插黃金葛，施肥

活動摘要：

- **跟進前三節植物：**修剪、補種、照顧植物母株、施肥、澆水。
- **整理舊盆栽：**

花園內的舊盆栽

花園內已有多個黃金葛吊盆，本節帶領組員認識這常見觀葉植物及辨識盆內雜草，由組員除草和鬆土，部分泥土太少的則補充泥量；其後修剪黃金葛枯葉，補充種植黃金葛，並預留位置給吊竹梅長根後移種。

本節需要整理的吊盆比較多，每位組員大約需整理兩盆，動作快的組員還協助清理花園內其他盆栽，辛勤勞動而滿心欣喜！

整理黃金葛舊盆栽

第五節 自製壓花、整理花園

活動摘要：

- **跟進前四節植物：** 逐一觀察生長狀況，清潔泥土、清理枯葉和除蟲。

- **自製壓花：** 帶領組員認識兩款夏季時花——夏菫和芙蓉，並介紹蕨類植物，為感官花園作準備。讓組員剪下喜歡的鮮花、鮮葉，排放在專業壓花板上壓製。

收集花葉做壓花（相片由伸手助人協會畢尚華神父護老頤養院提供）

- **整理花園：** 製作壓花後，一起到花園中整理花槽、給植物施肥。

自製壓花

組員合力將壓花綁好。

花園花槽除枯葉、雜草、施肥。

第六節　設計感官閣園圃，製作壓花名牌

活動摘要：

- **設計感官閣園圃：**組員分成兩組，各負責一個花槽。給予組員植物圖卡，由組員商量感官閣的設計，按花槽比例，將圖卡貼在花槽畫紙上，組員要互相合作去做。

組員討論感官閣
的設計圖

- **製作壓花名牌：**完成設計圖後，組員將自己製作的壓花貼在木牌上，寫上祝願字句。

感官閣植物名牌

組員的圓滿人生

第七節 吊竹梅移種吊盆，製作感官閣花槽

活動摘要：

- **吊竹梅移種吊盆：**每位組員兩盆黃金葛吊盆，先整理吊盆，然後學習分株法，在吊盆泥面掘出位置移種第一節培植、現已長根的吊竹梅上去，最後添加泥土，插上植物牌，完成吊盆組合盆栽。組員自己將吊盆掛到欄杆處。

將扦插長根的吊竹梅移種至黃金葛吊盆內。

- **製作感官閣花槽：**組員一起將其他節數中培植的到手香、松葉牡丹、大花馬齒莧、夏堇、芙蓉等植物，根據上節的設計圖，移種到感官閣花槽。組員很用心去做，只夠時間移種，故安排於下節再行裝飾。

感官閣

插上自己做的名牌

第八節 持續佈置感官閣，總結小組、回顧及填寫後測

活動摘要：

● 與組員重溫上節的感官閣移種後，到花園為
感官閣做裝飾，並插上感官閣名牌。

● 與組員重溫小組內容，觀賞小組回顧短片，
總結小組及安排後測。

真是可以好好休憩的理想花園！

裝飾後的感官閣

最後一節將整理好的吊盆組合盆栽掛到欄杆上。

C. 評估方式

● 小組設前後測，是次前後測採用了「一般自我效能感量表」（General Self Efficacy Scale），於小組第一節開始前由治療師和義工讀出，組員回答前測，後測則於第八節小組所有內容完成後填寫，小組結束後作分析。

● 每節小組前會重溫和分享前節小組內容，了解組員在小組效能上能延續多少，小組結束後亦會與組員分享和解說，收集質性資料，對照小組目標達成程度。

● 與義工和職員分享交談，收集質性資料。

● 小組結束後除了後測之外，另請組員填寫園藝治療小組反饋問卷，了解組員對自己的表現滿意度和小組目標達成程度。

小組成效

前後測結果

● 小組前後測共發出 8 份，亦能成功回收 8 份。對比結果，有兩位組員的自我效能感有明顯改進，各增加了 11 分，一位增加 3 分，與他們在園藝治療問卷中的回應十分脗合。另有兩位組員微減了 1 分，代表參加小組前後的自我效能感水平相近，有兩位組員則退了 4 分，其中一位是中度認知障礙，估計是認知問題，回答時有受到影響，未能反映真實的意思；該兩位組員在滿意度問卷中，同意和非常同意自己在小組中能做得好，也有成功感，另外在小組觀察中，他們都全程積極和投入，能完全完成指定的活動內容。

● 最後一位退了 10 分，分數減少較多，該組員是小組中年紀最長者，組員表示在小組中比較疲累，加上弱聽及操地方方言，各方面都有影響到他，雖然已安排了義工在旁協助，但小組時間對他可能亦較長，影響到治療效果。

園藝治療小組問卷

是次小組除了有前後測的比較之外，另增加了 8 題問卷，讓組員表達對小組目標的意見，問卷共發出 8 份，收回 8 份。問卷中以非常同意、同意、一般、不同意、非常不同意來了解他們在小組中的感受，問卷以 5 點量表呈現。

	我上完 8 次的小組後，我覺得	非常同意 %	同意 %	一般 %	不同意 %	非常不同意 %
1	我覺得種植後，生活感到開心愉快	63	12	25	0	0
2	種植令我感到自己也有生命力	50	38	12	0	0
3	花園的植物因我照顧後，能夠苗壯成長	25	63	12	0	0
4	我日後都要打理好花園植物，因為院舍是我家	25	63	12	0	0
5	我在種植後感到有成功感	63	12	25	0	0
6	小組畀我明白我仲可以做到好多嘢	38	50	12	0	0
7	我以後願意繼續照顧植物	29	57	14	0	0
8	如果再有這個園藝治療小組，我會再參加	29	57	14	0	0

● 大部分組員都是「同意」和「非常同意」在參加小組後有正向情緒，覺得開心；植物的生命力對他們有正面影響；植物能苗壯成長，能照顧好植物，也讓他們在院舍生活得更好，這也是他們的能力、他們的幫忙；組員願意為院舍繼續幫忙整理，證明他們將院舍當作自己的家，有歸屬感。在小組中能完成感官花園，吊起吊盆裝飾院舍，有成功感，自我效能感亦有增加，加上前後測結果，可見小組能達到預期目標。

- 小組後，義工和職員都表示組員很投入、主動、表現得有活力和有自信。

- 組員平日較少表達分享感受，在小組完成後的分享中都只有簡單的回應，大都是封閉式的，但在活動中，與他們以聊天方式進行解說，組員就表達得比較多。

- 是次小組出席率為95.3%，組員缺席大都因為身體不適和院舍因流感因素而需隔離樓層，令部分原定組員未能出席。空缺由後備組員補上，故每節都有8位組員出席，加上後備組員，小組每次出席人數為100%，也服務了64人次。

- 小組是由職員帶領組員到活動場地參加，組員大都能在活動前到達，因小組前一節有活動，前一節的組員快慢有別，時間會有延誤，但本小組組員都能耐心等候，代表他們對小組的向心力很強，大家都願意等候，組員的出席率代表組員很喜歡這個小組，院舍亦很支持組員在種植上找到自信心。

園藝治療師心得分享

活動設計

- **設計簡單輕易**：組員是體弱長者，小組設計盡量簡易，工序分析清晰，一步到位，讓組員能跟從去做。

- **運用重複元素**：活動中安排多樣重複動作，讓組員在相同操作中能夠熟能生巧，令組員感受到自己的進步和做得好，而每節都有重複示範和講解。扦插活動到第三節時，多位組員已能獨立完成，並會催促治療師先給他們去做，很有自信地表示自己能夠做得到。其後檢視這些組員的扦插情況時，他們做得完全正確，而其他過半數組員也能做得非常正確，反映多重複確能增進組員的自信心和能力。

- **體驗自主**：按計劃提供空間讓組員決定和選擇，讓組員有效提升他們的主動性。活動中所有步驟都要求由組員自行完成，隨着小組的節數，

能看出大部分組員都能完成內容，自我效能感亦有提高。

座位安排

● 組員能否清晰觀、聽治療師講解對其參與十分重要。本小組組員中有一半是弱聽人士，有 3 位配備助聽器，1 位則沒有，沒有助聽器的組員被安排到與園藝治療師最靠近的座位，讓該組員能較清楚聽到或看到示範，因此亦能跟上進度。

機構支持度和人力支援

● **對園藝治療支持度：**機構已是第二年運用園藝治療給長者作治療性服務，院舍支持度非常高，除了有專門負責安排活動和行政事宜的職員，在接送組員到小組的時間亦很準確，接回長者時會與他們互動，了解他們剛做了什麼，有說有笑的，感受到院舍職員對長者的真心。

● **與協助者清晰溝通：**院舍有安排義工協助，每節義工都有不同，園藝治療師於小組前必須與義工簡短地說明活動內容，讓他們了解小組當天的流程和治療師的要求、如何協助等事項。

● **義工的角色：**小組中對組員的協助以口頭協助和身體語言指示為主，將物資分為每人一份，派發後，讓組員自己裝泥和選擇植物等。治療師需提示義工保持耐性，學習觀察和等待組員發展能力，避免過度介入。

兩位認知障礙組員的聽力不佳，故此安排義工在旁協助，主要是在組員未能聽清楚時，義工能夠重複再講或者用身體語言指示。

考慮潛在干擾因素

● 小組在院舍花園旁半戶外場地進行，地方寬廣，景觀怡人兼能夠坐得舒服，是開展小組的好環境。這類環境也相對回音較大和受附近車聲的影響，治療師了解環境後，院舍很貼心地準備了便攜式擴音器，治

療師亦多走近組員重複講解，在小組設計上也預留了較多的講解時間。

● 因小組在戶外及夏季多雨日子舉行，蚊子較多，院舍安排了減蚊燈和蚊怕水，到小組場地前亦檢視過組員穿長袖衣服和長褲，確保了組員不受干擾和安全。

植物選擇與照顧

● **植物選擇：**色彩和香味在於體弱長者是重要的元素，因此安排了松葉牡丹、夏菫這類色彩鮮艷，開花不斷的時花，還有到手香、芙蓉等有香味、有豐富觸感的植物，組員因此而提高了興趣和投入度。

● **跟進植物：**組員無法獨自到花園中了解植物的生長情況，只能於開組該節，即一星期照顧一次。這情況十分普遍，是香港不少機構加上長者行動能力、安全考量上的客觀限制。以下有一些可考慮的改善方案：

1. 嘗試安排活動，帶領組員在小組每節之間能有多一天到花園照顧植物，做一些手部的活動，應更能增進他們的投入度，歸屬感和自我效能感；

2. 在花園開闢一角讓長者照顧植物，變成恆常活動，既能增加延續性，又可發展組員之間互動，對身體較弱和被動之組員也能達到社交方面之治療效益。

　　園藝治療小組，對長者是新奇有趣和可以動手去完成的，而且植物是有生命的，需要長者去看望關顧，當人有一定的任務和牽掛時，責任感和投入度都會增加，人也變得積極，從而令他們的生活質素、自我效能感、歸屬感和成功感亦可提高。從這個小組來看，園藝活動對體弱長者的確是非常合適的。

6.4 活動選例

芽苗菜種植

材料：

　　10cm長方形花盆連底盆、油葵種子約40至50顆、泥土、紗網、泥鏟、泥盒、澆水瓶、植物名牌、油性筆

步驟：

1. 種子浸水一天後，倒去水分，沖洗種子，用盛器放着，蓋上濕紙巾或濕布催芽。
2. 油葵種子尖端出現白點，代表種子開始發芽，可開始種植。
3. 於長方形花盆中放入紗網。
4. 泥土先澆濕，讓泥土吸飽水分。
5. 將泥土盛入花盆中至八成滿。
6. 用泥鏟背部輕力將泥土表面弄平。
7. 種子尖端白色芽點向下，將種子整齊排列插入泥土內，一排10顆，種4至5行。
8. 薄泥土蓋種子至泥土表面看不到種子。
9. 澆水至芽苗菜盆栽底部有水流出。
10. 插上植物名牌，記錄種植日子和植物名稱。

種植方法：

催芽

兩日後發芽情況

準備

種子種在泥土中。

在種子上鋪薄泥

澆水

插上植物名牌，等待發芽。

播種後第 5 天

播種後第 7 天，只要子葉脫殼，二葉張開即可採收。

採收：

第 9 日，採收，準備剪刀和水盆清洗。

可用剪刀貼近泥面剪下

或用手整株抽出，
連根拔起。

沖洗芽苗菜，摘根。

所有芽苗菜採收後可煮食或送
贈親友之用

小貼士：

- 活躍的油葵，約 4 至 5 天會從泥土中冒出。
- 每天觀察和觸摸泥土濕度，若乾燥或花盆重量變輕則可澆水，不必每天澆水。
- 油葵發芽長出子葉，子葉張開，自然脫去種子殼，約 7 至 10 天即可採收，採收日期視溫度而有所不同，夏天會較快成長，冬天則需多幾天時間。
- 於播種前泡浸一晚催芽，可讓種子提早發芽，雖非必要，但催芽後能確定生長機會，亦可提高採收量。
- 芽苗菜全年可種，物資簡易，容易購買，室內種植亦可，適合香港狹小的居住環境和天氣。
- 芽苗菜種類很多，在活動中有很多不同的變化，可用的種子包括櫻桃蘿蔔、椰菜、通菜、苜蓿、葫蘆巴、亞麻籽等。
- 油葵芽苗菜可清炒或水燙食用，帶有淡淡的果仁味道。
- 油葵芽苗菜長出第四片真葉後會比較老，多纖維，故適當時間即需採收。

芽苗菜用於體弱長者：

- 泥種芽苗菜好處：
  - ◆ 種植簡單容易，適合他們的體力，重複播種、採收剪下或摘根的動作、清理等，有足夠的練習手部動作，專注力亦能提高。
  - ◆ 泥土種植，長者較容易處理，水栽種植則需要每天換水清洗多次。
  - ◆ 活動操作有着長者以往的生活經驗，對他們是熟悉和有安全感的，亦能讓他們容易投入和重新體驗自己仍是有能力的。

◆ 芽苗菜生長快速，可以引起長者好奇和觀察，記錄每天的點滴。採收時間快，成果亦容易得到，令他們多了成功感和自我效能感，對於自我形象認知較低的體弱長者，有較快的治療效果。芽苗菜可採收數量也多，可與朋友分享，建立話題，擴大他們的社交功能。

● 以人為本調整活動：

◆ 宜根據長者的能力，調整種子的大小和播種數量。

◆ 宜使用寬口的花盆或盛器，長者容易操作，亦容易觀察。

◆ 若長者能用剪刀剪下，則會比較清潔和清洗時容易處理，但如視力或手部機能欠佳，不便使用剪刀者，建議整株從泥土中拉出後清洗，摘去根部，可以讓他們較為清晰和專注處理。

　　種植芽苗菜是一項多樣化、快速見效和有收成的活動，對於體弱長者是輕鬆和容易操作的活動，大家不妨試試。

第七章

園藝治療與認知障礙症長者

蕭一凡　註冊園藝治療師（HKATH）
　　　　香港樹仁大學輔導及心理學系助理教授
黃達洋　註冊園藝治療師（督導）（HKATH）

7.1 何謂認知障礙症？

　　生活在緊張忙碌的現代都市，認知障礙並不是一個新鮮的詞彙，大部分人都多多少少對這種病症有所了解。那麼認知障礙症究竟是怎樣的呢？以下是一個常見的案例。這個個案中的長者年屆 85 歲，平時身體硬朗，除了患有長期高血壓之外，並無其他已知疾病。平日他獨自居住，在照顧自己生活方面游刃有餘。然而有一天，他突然連續致電兒子，訴說自己的鑰匙被人偷竊，竊賊還同時偷去了他的手機。據其子回憶，第一次通話，整個致電過程持續 20 多分鐘，其間父親猶如被卜了迷魂藥一般，講話顛倒而且毫無邏輯可言，講述的事情亦十分瑣碎，沒有重點。當被問到究竟發生了什麼事情的時候，只會不停地亂說一通，而事情究竟是怎樣就不得而知。就在第一次通電話結束之後，家人準備趕去探望的路途中，該長者又連續多次致電，每一次的內容都是重複的，而且最令家人擔心的，是他似乎完全不知道自己已經多次致電。這案例顯然就是認知障礙症發病時的狀態，例如思想混亂，喪失短期記憶等都是典型的認知障礙症症狀。除了這些症狀，長者在面對自己出現的這種混亂狀態時，無可避免會產生緊張、焦慮或憤怒的情緒，令到他們愈發覺得無所適從而又孤立無援。雖然很多人對於認知障礙症都略有所聞，而當真正面對時才會體會到它的可怕，對罹患認知障礙症的長者來說，更是一個不小的衝擊。例如案例中的長者，平日自給自足，對自身的健康狀況自然很有信心。面對認知障礙症病發自然是一個不小的打擊，很多長者無法接受自己認知障礙的事實，因而覺得失落，喪失自信甚至抑鬱。可見認知障礙症不僅僅是腦部疾病，更會連帶誘發心理疾病。認知障礙是發展性疾病，病情亦不可逆轉，一旦開始就是一場長期的戰役，作戰的不僅僅是患者本人，亦包括他的家人。所以如何支援罹患認知障礙症的長者已經成為一個社會話題，而要提供有效的支援，一個對於該病症全面的正確認知就尤為重要。

　　認知障礙症是一種持續性的腦部疾病，多出現於老年人群當中。隨着年紀增長，腦神經細胞神經元數量逐漸減少，減慢腦內信息的傳遞，導致記憶力衰退，這就形成了認知障礙症（American Psychiatric

Association, 2013)（圖1）。研究文獻亦指出，曾患心血管疾病、中風、抑鬱症等疾病的人士，由於大腦缺乏適量的運用而增加了罹患認知障礙症的風險（e.g. Chan et al., 2019; Hogervorst, Oliveira, & Brayne, 2018）。除此之外，長期壓力過大，缺乏休息即睡眠，也會導致大腦中負責記憶的海馬迴萎縮，誘發認知障礙症（e.g. Gulyaeva, 2019; McEwen, & Rasgon, 2018）（圖2）。罹患認知障礙症的病人除了出現記憶力衰退，亦有可能出現許多其他症狀，包括決策能力下降，無法正常溝通、緊張焦慮等。隨着病情的發展，病症逐漸加重。病人本身也會面對很多挑戰，例如開始覺得周圍的環境愈來愈陌生，忘記重要的事情甚至不知道家居地址，逐漸喪失應對突發事件的能力而覺得自己能力不逮，自我效能感降低，生活變得力不從心，愈來愈混亂等（Tonga, 2020）。認知障礙症是常見的老年疾病，雖然不會直接造成生命危險，但對於長者的生活質素會帶來非常負面的影響（Yu et al., 2017）。

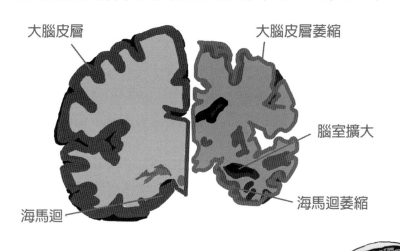

圖1 正常大腦（左）和認知障礙症患者大腦（右）的比較。

圖2 認知障礙症患者大腦的海馬迴萎縮。

7.2 認知障礙症在香港

香港人的長壽程度在全球數一數二，男女的平均壽命均超過 80 歲，隨着香港人口逐漸老化，尤其以未來 20 年顯著加快，根據香港特別行政區政府統計處的 2016 年中期人口統計推算，65 歲及以上長者的比例將由 2016 年的 17% 增加至 2036 年的 31%，再進一步上升至 2066 年的 37%（Census and Statistics Department, 2017）。認知障礙症主要發病是在 60 歲或以上人群，隨着年紀的增長，患上認知障礙可能性就愈高。由此可見在未來的幾年裏，香港認知障礙症的發病人數會愈來愈多。認知障礙作為常見的老年慢性疾病，香港社會對於這個疾病並不陌生。我們時常可以聽到人們提到認知障礙這個詞，或其他的俗稱如「老年癡呆」。大部分人對於認知障礙的理解就是健忘以及反應遲緩。雖然罹患認知障礙症的人數在不斷增加，但社會上對於該病的重視程度卻不見明顯的增長，究其原因是患者家屬對於病情的認知有不足之故。

正如前文中提到的，由於對認知障礙症的認知不全面，大眾對於該病症除了健忘和反應遲緩的認知之外，對於其他的症狀以及治療途徑的了解就十分有限。這樣的認知自然不足以對患者提供支援，除了對於症狀認知的片面性，更大問題在於不清楚認知障礙症的治療與介入方法。之前提到認知障礙症是一個發展性疾病，其發展過程主要可以分為早期、中期和後期 3 個階段（e.g. Giebel, Sutcliffe, & Challis, 2015）。其早期的症狀比較符合大眾對於認知障礙症的一般印象，例如喪失短期記憶，判斷力減弱，需要旁人提醒才能應付日常活動等，這類症狀很容易被人忽略，因為年紀大了機能衰退是大家對於長者的普遍認知。而在這個階段，長者亦會開始出現例如表達困難、無法溝通的狀態。這往往加劇了患者與外界的隔閡，久而久之造成患者情緒低落，行為變化無常，讓人難以捉摸。雖然這可以算是認知障礙的典型病徵，卻依然被人以年紀大了脾氣變差而輕輕帶過。因此缺乏對於認知障礙症的廣泛認知，很容易錯失在病情早期介入的機會。大部分情況下，患者家屬都是在病情已經發展到中期甚至後期的時候才意識到。病情發展到了中期，患者的記憶會出現明顯的衰退，

很容易混淆舊時或現實，情緒不穩的情況也會愈來愈多出現，有些患者到了病情中期已經需要他人協助處理日常生活。然而就算愈來愈多症狀出現，長者的變化愈來愈明顯，很多人依然會選擇相信這只是年齡增長造成的自然現象而放任發展。當病情發展到後期，患者的記憶愈來愈差，甚至無法辨識自己身邊的家人，伴隨而來的還有精神不濟，逐漸喪失溝通能力，自理能力亦直線下降至需完全依賴他人照顧生活。許多家庭就是在這個時候才真正意識到病情的嚴重性，然而此時介入已非最佳時機。簡單來說，家中長者得了認知障礙症，接下來要考慮的就是要否送他／她去療養院，或者聘請家傭照顧，總而言之就是認知障礙就是生活質素下降的開始。患病的老年人更無從知曉治療途徑，只能聽從家人的安排，錯過了治療良機，導致病情惡化甚至徹底失智，晚年生活也就如家人預料的那樣毫無質素可言。所以雖然對於認知障礙症有所了解，但片面的了解完全不足以支援患者的需求，更會將他們逼入死胡同。香港社會逐漸老齡化，罹患認知障礙症的人數自然會不斷增加，因此開展對於認知障礙症患者的全面支援也刻不容緩。

7.3 園藝治療與認知障礙症

認知障礙症的治療方向主要分為藥物治療以及非藥物治療（Ballard, et al., 2003; Kales, Gitlin, & Lyketsos, 2015）。藥物治療主要有兩大類，分別是針對認知障礙症的藥物，目的在於延緩腦部退化的病徵，以及精神科藥物，用來紓緩認知障礙相關的行為以及情緒問題。而非藥物治療則主要集中於建立認知儲備，補償因病變而損失的認知功能；接觸新事物以及多元認知刺激，建立新的神經連結，重塑大腦功能。非藥物治療主要依靠為患者提供有意義的活動以及訓練來達到治療效果。在非藥物治療中，園藝治療是一個非常不錯的選擇。

園藝治療是通過園藝活動，如製作組合盆栽、插花或耕種等方式來釋放壓力，紓緩情緒以達到治療心理及減慢腦部退化的效果（e.g. D'Andrea, Batavia, & Sasson, 2007; Hall, et al., 2018）。認知障礙症發病的主要因素之一就是由於腦細胞死亡，大腦分析以及傳遞信息的能力減弱，導致記憶力下降而誘發。園藝治療不少過程中要求長者不僅動手進行園藝操作，更要動腦筋，例如設計組合盆栽，這樣的活動是一個有效的認知訓練過程（D'Andrea, Batavia, & Sasson, 2007）。在組合盆栽的製作過程中，結合了專注力訓練，例如要求患者思考組合盆栽的設計，而擺放不同組合盆栽部件的過程也可以是一個手眼協調訓練，患者要動手做又要用眼觀察製成品的效果。通過這樣的訓練來促使患者多動腦筋，刺激大腦，延緩認知障礙症的發展。

除此之外，園藝治療更是一個多感官治療，患者在治療過程中會運用不同的感官系統來完成作品（Cui, et al., 2017; Gonzalez, & Kirkevold, 2014）。例如植物有着不同色彩、形狀及狀態，可以刺激視覺；植物的不同芳香，可以刺激嗅覺；在製作的過程中亦會接觸到不同植物，可以刺激觸覺。不同植物的獨特性能夠帶給患者不同的感官刺激，這種多感官治療能激活多元認知，對於建立新的神經連結以及重塑大腦功能有着非常直接的效果。除了讓患者自行設計製作園藝作品，園藝治療過程中也可以集中於緬懷過去（Lin, & Yen, 2018）。緬懷治療也是非藥物治療的一種，可以幫助患者建立認知儲備來應付認知功能。園藝治療的緬懷部分主要由園藝治療師引導患者回憶過去，例如面對玫瑰花，能讓患者回憶從前送花或者收到花的美好回憶來充實他們的認知儲備，重塑大腦功能。

除了針對認知功能的修復，園藝治療也能有效地治癒患者的情緒問題（Hall, et al., 2018）。認知障礙症患者很多都會產生例如抑鬱等負面情緒，園藝治療以輕鬆愉快的方式進行，患者除了得到認知功能的訓練，更可以紓緩壓力，在完成作品之後亦會產生成功感而建立正面積極情緒。因此園藝治療不僅可以幫助訓練認知功能，更能平復負面情緒，是介入認知障礙症的一個有效方法。接下來我們可以在以下的案例中具體解釋園藝治療針對認知障礙症的治療過程以及治療效果。

🍃 7.4 小組分享：「新春綠悠悠」 園藝治療小組

A. 小組簡介：

服務機構	菩提長者綜合服務中心
活動日期和時間	2019 年 1 月 26 日至 3 月 16 日 逢星期六早上 10 時至 11 時（共 8 次聚會）
組員概況	共有 8 名參加者：5 名女士、3 名男士 年齡範圍 78 至 85 歲 診斷為早期認知障礙症
目標	培養長者種植興趣和習慣 加強正向情緒 藉由種植活動，提升長者自信

服務機構簡介

澳門的菩提長者綜合服務中心本着「慈悲喜捨」的精神，以「持續照顧」及「以人為本」的服務理念，為健康欠佳及身體機能受損，以致失去自我照顧能力的人士提供舒適安全的環境及高質素的專業護養服務和優質的照顧，為他們建構一個舒適溫暖的家，讓每位服務使用者在身、心、社、靈方面得到全面的照顧，讓他們感受到尊重及關懷，使其活出尊嚴。

日間護理服務為體弱的服務使用者提供優質的日間照顧、護理、復康及社交康樂活動等，使他們在身體、情緒及社交上得到全面支援；並藉此紓緩護老者的照顧壓力，讓服務使用者可以在社區健康地生活，達至「原居安老」的目標。

B. 活動內容

節次	日期	主題	活動
1	26/1	快高長大	扦插到手香、移植萬壽菊
2	2/2	吉祥娃娃	草頭娃娃
3	9/2	幸福花畫	壓花相架
4	16/2	花開富貴	鮮花花籃
5	23/2	新春小花園	組合盆栽
6	2/3	心意連連	拓印手帕及小布袋
7	9/3	香味飄飄處處聞	香草香包
8	16/3	花團錦簇	乾花小盆栽

　　每星期一節的小組，在固定時間和地點進行，以新春為全組的主題，配合園藝栽種活動和園藝手工藝，以達至小組的目標。

第一節　快高長大

活動簡介：

　　本節安排兩項種植活動，包括扦插香草到手香及移植萬壽菊幼苗。到手香和萬壽菊能夠提供不同的感官刺激，如香味、觸感，第一節教導組員栽種這兩種植物，期望給予組員對植物成長的希望，透過植物照顧的安排，培養興趣及責任感，每節小組開始都會觀看生長狀況，增加投入感。

　　到手香常年青綠色的厚葉表面密披細毛，提供有趣的觸覺刺激，葉片因採摘或觸摸而散發濃郁香味，指掌也會留下香氣甜如蘋果，故名「到手香」。萬壽菊，花朵顏色鮮艷吸引，花期較長，名稱更有美好寓意；讓組員耐心培植幼苗，期盼開花的一日。

材料：細葉到手香、萬壽菊苗、花盆、紗網、培養土、澆水器等

活動剪影：

扣插準備——觀
賞、觸摸和聞香，
然後剪出插穗。

將插穗移植入新盆後，加泥鞏固植
株，最後澆水。

移植萬壽菊

第二節 吉祥娃娃

活動簡介：

　　草頭娃娃是一種運用播種技術的園藝手工藝，長者在過程中一步步學
習製作，以有趣的方式學習播種，提升對種植的興趣，小麥草照顧簡單
且生長快速，也藉此加強長者自信。

材 料：小麥草種子、培養土、手工藝用絲襪、橡筋、裝飾貼紙、膠碗（盛
水用）

活動剪影：

裝飾草頭娃娃

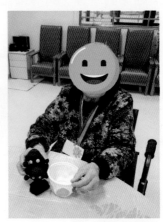

組員按個人想法製作草頭
娃娃，各有特色

第三節　幸福花畫

活動簡介：

　　壓花除了能夠提供不同的感官刺激，它們也能塑造出具特色的園藝手
工藝製品，而且，園藝治療師可以藉由壓花引導組員反思生命的延續和
內在意義；創作過程中又可以讓長者發揮想像，將自己喜愛的花材、圖
形拼在一起，他們看到自己親手做的成品都表現雀躍。

材料：相架、壓花、鑷子、白膠漿、棉花棒
活動剪影：

組員的壓花相架

第四節 花開富貴：新春花籃製作

活動簡介：

　　適逢農曆新年，製作新春花籃可以加強組員對節日的定向感。學習製作花籃也學習如何製作乾花，長者看到自己製作的花籃更是「賞花」悅目，並分享自己會將花籃放在當眼處，或送給家人。

材料： 多種鮮花（萬壽菊、勿忘我、康乃馨等）、花籃、花泥、剪刀、絲帶、雙面膠紙

活動剪影：

專心插花　　　　　　　　　　　　　滿有新年氣氛的花籃

第五節 新春小花園：組合盆栽

活動簡介：

　　運用不同質感、形態、顏色的草本植物，組員能學習種植不同類型的植物外，這節更會教導組員製作一個別具新年氣氛的組合盆栽。

材料： 紅、白網紋草，花葉萬年青、花盆、紗網、培養土、彩石、新春裝飾物

207

製作組合盆栽　　　　　　　　　　開心展示組合盆栽

第六節 心意連連：拓印手帕及福袋

活動簡介：

　　拓印是把植物加壓後擠出汁液，將葉片和花朵的形狀與顏色印在棉質物料上，創作出既美麗又實用的作品。長者透過活動能夠訓練手部力量，花葉的外形和質地、拓印時植物釋放的香味，甚至是過程中聽到的聲音，也帶來了視、觸、嗅、聽多重的感官刺激，並且可以一同反思「壓力」的正面意義。

材料： 石球、棉手帕、麻布袋、膠碗、紫葉酢漿草、萬壽菊、文竹、鳳仙花

活動剪影：

組員自製拓染手帕和布袋

第七節 香味飄飄處處聞：香草香包

活動簡介：

　　組員將第三節時採收的到手香作為這次香包的其中一種材料，香包能帶給組員強烈的感官刺激，例如捏碎香草時的觸感、香草清新的香味等，過程中長者可訓練手部肌肉和動作。

材料： 風乾的橙皮、薄荷、薰衣草和到手香、麻布袋（第六節的拓印布袋）

活動剪影：

精緻的香包

選擇喜歡的香草

第八節 花團錦簇：乾花小盆栽

活動簡介：

　　小組的最後一節，組員把第四節時風乾的乾花收取，加以修剪，根據之前教導插鮮花的概念，一步一步製作屬於自己的乾花小盆栽，完成後一同享用花茶，並分享整個小組的收穫。

材料： 風乾的勿忘我、康乃馨、萬壽菊、花泥、剪刀

活動剪影：

將自製乾花細心設計盆栽　　　　　　檢視自己的乾花小盆栽

C. 治療效益及組員表現

　　小組評估方式有兩種，分別是活動前後的「個人表現滿意度量表」作為量化工具，而小組助理每節以觀察方式記錄的組員表現作質性之工具。

　　「個人表現滿意度量表」依據對象及園藝活動設計，其中包括「對園藝活動的興趣」、「自信」、「學習新事物」、「自我評價」及「正面情緒」，量表以簡單直接的評分方式，以圖樣及文字作指標。前測由機構職員負責，後測則由園藝治療師及職員一起執行，總結前後測的分數，組員對園藝活動的興趣、學習新事物和正面情緒均有正面評價，而有87.5%的組員表示有信心完成事情，但對於自我評價卻未見明顯提升。

　　而根據觀察紀錄總結，組員在主動性、參與度、主動發言和活動的表現都有明顯改善，這反映在實際狀況下的表現與組員對於自我的看法不一致。大部分組員表示「仍想參加園藝活動」、「繼續栽種植物」。

D. 園藝治療師心得分享

　　認知障礙症長者對於接受新事物時會顯得緊張，故在安排小組場地、時間、小組形式等盡量採取固定結構，藉此減輕緊張感，有助長者參與小組時的投入度。

認知障礙症長者的認知功能減退，對理解活動以至執行常顯得困難，所以在小組開始時就從活動導向開始，一步一步地引導組員進入小組；在教導園藝活動時，採用淺白的口語說明及必須配合圖示或實物，以形象化來加強理解。教導過程可以重複幾遍，多給予提示，有助長者的執行。

長者因為認知退化影響日常功能表現，自信心也會隨之降低，在小組時會表示「我不會」、「我做得差」或顯得被動不想做，故設計活動時先從簡單容易執行的開始，治療師及助理也從旁照顧及鼓勵，直至長者完成活動。

認知障礙症長者常會出現干擾性行為，例如離座、大叫、生氣等，治療師和助理先去了解原因，不用勉強長者執行活動；有時長者會因一些小問題而想放棄，園藝治療師應諄諄善誘，設法鼓勵長者繼續參與。

總結

現時有很多研究和實驗都可以證明園藝治療對於認知障礙症的療效（例如 Blake, & Mitchell, 2016; Gigliotti, Jarrott, & Yorgason, 2004）。很多機構逐漸開始嘗試運用園藝治療來達到延緩認知障礙症發展的目的，緩解長者因認知障礙症而引起的焦慮、抑鬱以及憤怒等負面情緒，園藝治療的效果正在獲得社會慢慢接受和認同。而通過園藝治療的方式來延緩認知障礙症的發展，也為認知障礙症患者提供了另一個治療的好選擇，為很多長者爭取到更多高質素的晚年時光。然而目前正在開展的這些治療方案，不少都還有改進的空間。雖然園藝治療的效果已經呈現，但如何將園藝治療應用在認知障礙症並發展成為一套系統性及持續性的恆常治療模式，還有一段漫長的路。認知障礙症的病程是不可逆轉的，每一個階段所要應對的治療方式也應該有所不同，所以如何設定針對不同時期的認知障礙症而開展的園藝治療方案，將會是我們下一個重點研究的課題（Gigliotti, Jarrott, & Yorgason, 2004）。我們非常希望這種輕鬆而有效的治療方式可以更加得以廣泛地推廣，也期望更多的園藝治療師可以攜手合作，共同為長者的幸福晚年而努力。

第八章

園藝治療與照顧者

梁淑群　註冊園藝治療師（HKATH）

8.1 引言

誰是照顧者？

目前，香港特區政府沒有就「照顧者」作出清晰定義，社福界的一般定義則包括：與被照顧者同住、有親屬關係及非受薪的。國際間對「照顧者」則有一個共識，就是非受薪的。而不同的國家或地區對「照顧者」的定義也有所不同，以澳洲為例，澳洲對「照顧者」的定義較為廣泛：無論是子女、父母、伴侶、親戚或朋友，只要有參與照顧肢體傷殘、精神障礙、腦退化症、長期或嚴重病患、酗酒、毒癮，甚至是體弱長者的；不論是否與被照顧者同住，是否一天只照顧一小時，或者有其他照顧者，都被列入為照顧者。

現時有多少照顧者？

澳洲政府依據上述官方的定義，估計照顧者人數超過 270 萬，即每 8 個澳洲人就有一個是照顧者。至於香港，則未有「照顧者」的專門統計數字。但從政府各式的數據中，我們不難發現社會上其實有為數不少的照顧者。根據政府統計處 2015 年 1 月香港統計月刊專題文章〈香港的殘疾人士及長期病患者〉，香港至少有 203,700 名「與殘疾人士同住」的照顧者及 175,600 名「與長期病患者同住」的照顧者。在該兩類照顧者當中，約 60% 是被照顧者的配偶、子女、女婿或媳婦。而統計處 2009 年 8 月《主題性住戶統計調查第四十號報告書——長者的社會與人口狀況、健康狀況及自我照顧能力》則指出，有 133,400 名居於家庭住戶的長者需要別人幫助起居生活。然而，此報告是在 2009 年發表，距今已超過 10 年。在香港人口加速老化的情況下，相信此數字只會有增無減。把以上的人數加起來，算起來也有數十萬人。若我們把澳洲對照顧者的定義套用於香港，相信人數或許是數以百萬計！

照顧者的壓力

在每個人的生命及生活中，家人有着重要的角色。若家人因疾病、意外等原因失去了生活自理能力，變成被照顧者，家裏的其他成員總願意以照顧者的身分，為失能的家人予以貼身協助並照料其起居生活，包括日常購物、陪診、梳洗、進食，甚至洗澡及如廁等。照顧工作其實相當瑣碎且繁重，久而久之會造成照顧者各方面負荷過重。照顧者不眠不休地、過分專注於照顧他人時，往往是默默承受着愈來愈大的壓力而不自知。照顧者的壓力大致可分為三方面：

生理壓力 —— 要兼顧本身工作及生活、睡眠不足、身體勞累或不適、沒有人幫忙致十分吃力等。

心理壓力 —— 擔心被照顧者的身體狀況或情緒、與其他家人協調、被照顧者不體諒、感覺孤單等。

社會壓力 —— 經濟負擔、缺乏照顧知識或資訊、為被照顧者作出種種艱難的醫護決定等。

照顧者壓力評估

2018 年 8 月，香港的一本照顧者雜誌向其讀者群、活動參加者及面書追蹤者發出了一份照顧者問卷，並成功收回 449 份。該雜誌利用「沙氏負擔訪問（ZBI）」問卷，對被訪的照顧者作出壓力評估，結果發現有超過九成的被訪者，壓力評估分數達 24 分或以上，這分數顯示被訪者有較大機會患上抑鬱症。照顧者被無形中累積的壓力壓垮之前，必須適時把眼光移開，給自己足夠的機會喘息，回頭關心一下自己，並認識同路人以互相支持和分享資訊。

🍃 8.2 理論參考

怎樣透過園藝活動幫助照顧者？

社交層面

花園是社交活動的地方，從早上到晚上都可以看見街坊鄰里於花園內聊天。而園藝活動有着社交潛力，或許可以令參加者從栽種食物與花卉來滿足個人需要，轉移到社區觀點——也就是他們在參與園藝活動中互相幫助、讚賞、分享感受等，而這種互助互愛的社區意識將引發個人及鄰里的轉化。美國園藝治療協會提到，許多文獻和研究的結果指出園藝治療能夠帶來社區效益，包括結識新朋友、增加與人溝通及互動機會、改善溝通技巧以及提高合作、合群的機會等。因此，透過園藝活動及當中環節，可增加照顧者與同路人的社交生活溝通，並達至互相分享效益。

心理／情緒層面

有些心理學家認為人類對自然的情緒反應等同於身體知識（藉由演進與基因解碼所累積的智慧的機轉，就像一種心理機制，類似機械般地在內心運作着）的心理反應。因為人類觀賞自然時會感覺壓力降低，看到城市中的建築物、街道與交通狀況就沒有這種效果。當人類行走或身處在自然環境如樹叢、花園中，會有洗滌心靈的效果，而公園長久以來也被公認為是在社區中產生寧靜的處所。這些正向反應在不同的社會文化、經濟條件或民族間都會發生。因此儘管在人類生活環境中已經有大量科技性景觀，很多跨文化的研究都發現人類會直覺地將自然性景觀安置在周遭的環境中。

Roger Ulrich（美國環境心理學者）專長測量生理及心理反應（心跳、血壓、肌肉張力、腦波）來分析人對景觀的偏好，他發現人觀賞喜歡的自然環境後能降低緊張程度，提升在壓力情景下的復元能力。1976 年，

Rachel Kaplan（美國心理學家）跟 Charles A. Lewis（美國園藝治療專業先驅）一起探索人們從事園藝所產生的愉悅感。他們寄出關於從事園藝工作的問卷，成功收回 4397 份有效回覆問卷，回覆的內容引發了一些未在預期中的反應。被訪者在問卷中所描述園藝活動的最大滿足感，不是來自栽種最美的玫瑰或最珍貴的牡丹花，而是內心獲得平靜。超過 60%的被訪者回答「寧靜及安穩」是他們從事園藝最重要的回饋。Rachel Kaplan 認為許多園藝活動，像是撒種，需要嚴格的專注力。細小的種子必須小心翼翼地被取出撒到泥土中，為能獲得分佈均勻的健康植株，而不是堆擠在一起的幼苗，這項工作需要專注，因此不會有時間想其他的事。Rachel Kaplan 指出這類型的專注會讓一個人從需要注意力的事情中得到紓解，同樣也能讓心中的憂慮得到安靜。

近年來，亦有不少學者就園藝治療對參與者紓緩情緒及減輕壓力的成效開展學術研究。有研究指出園藝治療有助改善情緒狀態，並建議作為減輕壓力的工具。（M. Wichrowski, J. Whiteson, F. Haas, A. Mola, M. Rey（2005））研究亦發現園藝治療的介入活動，能讓參與者於貝克抑鬱量表的評分迅速及明顯地下降，而專注力功能指數卻上升。加上參與者參與園藝治療活動的多寡，與其抑鬱狀況能否減輕有着緊密聯系，正正就是 Rachel & Stephen Kaplan 所提出的園藝治療「專注力恢復理論」中的兩項元素：「遠離日常生活」及「魅力性」發揮作用。（M. Gonzalez, M., T. Hartig, G. Patil, E. Martinsen, M. Kirkevold（2009））

園藝活動能帶來復癒、轉化及鼓勵分享，這些都是園藝治療的效益。因此，透過園藝活動，可以培養照顧者新的興趣來紓緩情緒。

8.3 範例分享：「種出快樂」園藝治療小組

A. 小組簡介

　　這個園藝治療小組是在一所日間長者鄰舍中心舉辦，此中心提供輔導、隱蔽長者、護老者支援及長期護理需要評估等多元服務。是次小組的參加者是 8 位女性護老者，年齡介乎 55 至 70 歲，有 3 位是第一次參加園藝治療小組，而部分參加者有情緒及壓力問題。小組一共有 8 節，每節一小時，在中心的活動室內進行，參加者需要把活動期間栽種的植物帶回家照顧。

活動日期和時間：2018 年 4 月 14 日、21 日，5 月 19 日、26 日，6 月 2 日、
　　　　　　　　　9 日、16 日及 30 日

　　　　　　　　星期六上午 10:45 至 11:45，每節 1 小時帶回家照顧。

節數：8 節

組員概況：8 位護老者（55 至 70 歲）

參加者招募：機構會員自由參加，如人數眾多會抽籤決定

小組目標：透過園藝環節——

　　　　　　(1) 培養護老者新的興趣來紓緩情緒

　　　　　　(2) 保持護老者與同路人的社交生活，達至互相分享

活動地點：中心活動室

人手分配：1 名園藝治療導師及兩名園藝治療助理

活動內容

節次	當節主題及目標	活動內容摘要
一	播下快樂的種子 • 互相認識、提升活動興趣	• 前測 • 播種鳳仙花、播種小芥菜
二	快樂來源 • 增進認識、培養興趣	• 跟進植物 • 扦插香草（薄荷、臭草、紫蘇、迷迭香） • 風乾香草
三	跳出框框 • 應用生活中植物的再造力量	• 跟進植物及移種香草 • 收集檸檬核 • 製作檸檬環保酵素
四	人生色彩 • 鼓勵分享軼事，互相勉勵	• 跟進植物 • 栽種檸檬核 • 製作壓葉及花
五	香噴噴的人生 • 洗滌自我，嗅出快樂	• 跟進植物 • 以小芥菜製作雪菜 • 製作香草包
六	快樂伴侶 • 快樂由自己創造	• 跟進植物 • 以鳳仙花、紫色酢醬草、香草製作拓印小索繩袋
七	營造豐盛未來 • 延續植物生命的力量（生或枯乾的），有何啟示？	• 跟進植物 • 製作壓花畫（裱入相架）
八	愛的比喻 • 表達愛意，讓親人感受	• 跟進植物 • 分株植物 • 製作迷你園景 • 後測

每節所用植物及相關活動

節數 \ 活動 \ 植物	第一節 播下快樂種子	第二節 快樂來源	第三節 跳出框框	第四節 人生色彩	第五節 香噴噴的人生	第六節 快樂伴侶	第七節 營造豐盛未來	第八節 愛的比喻
鳳仙花	播種	植物照顧				拓印小索繩袋	植物照顧	
小芥菜	播種	植物照顧			收成/製作雪菜	-		
薄荷	-	收集葉片風乾/水培植株	移種	壓葉及花	香草包	拓印小索繩袋	壓花畫	植物照顧
臭草（芸香）								
紫蘇								
迷迭香				植物照顧		植物照顧		
檸檬	-		檸檬環保酵素	-				
檸檬核	-		收集	播種	植物照顧			
鮮花	-			壓葉及花	-		壓花畫	-
紅白網紋	-							分株/迷你園景
迷你椰子	-							

評估方式

初步評估／前測

● 服務對象自我報告調查問卷

中期／定期評估

● 服務對象自我滿意度調查問卷

● 觀察服務對象紀錄表

療程後評估／後測

● 服務對象自我報告調查問卷

　（跟初步評估／前測使用同一份問卷以便比較）

● 組員出席率

小組成效

目標是否達成？

　　社交方面，組員於 8 節的活動中栽種不同種類、形狀、顏色及觸感的植物，這可引發組員互相談論、帶出相關植物的話題。為增加小組氣氛，筆者在 8 節活動中嘗試透過遊戲、獎勵、環境轉換、讚賞、邀請發言等小組帶領技巧來鼓勵組員表達自己的意見、知識及感受，讓各人有互相認識及分享的機會。在開初幾節，組員都是比較害羞，只願意簡單表達感受，到後來卻習慣互相分享。

　　在情緒紓緩方面，筆者在 8 節活動中亦利用多種香草及植物，有組員熟悉的、也有新認識的。藉此透過不同氣味、顏色、觸感來刺激組員，增強感官探索。除了透過視覺、觸覺、嗅覺及味覺刺激來吸引組員專注於活動中，亦讓組員在園藝及相關活動中表達自己的創意、設計、感受等。活動中除了園藝技巧外，筆者也加入不少將植物「轉化」的知識及技巧的環節，例如：香草包、環保酵素、製作雪菜、壓花畫等等（如圖）。希望組員透過學習新的園藝興趣，既可以紓緩個人情緒，亦可以跟家人分享成果。

植物「轉化」知識及技巧的環節，例如：香草包、環保酵素、製作雪菜、壓花畫等。

「轉化」可以是情緒／心理、體能、創意、認知（認知能力、學習新事物、看事物／人生新角度等等）、社交某方面的正面轉變。現在，讓筆者簡介小組活動中（除了稍後有更詳細介紹的環保酵素之外）有關植物素材和人的「轉化」情況。

1. 香草包

小組種植了數種香草，筆者教導組員採集葉片風乾，數星期後再將之製成香草包。香草盆栽只能固定栽種於泥土中生長，採摘葉片風乾過程是一種轉化；將乾香草收集並合併於精緻的紗袋中，變成可以隨身攜帶的香草包，又是另一重轉化。更重要的是，組員在製作過程中嗅聞香包，感受香草芬芳，可以帶來情緒上的正面轉變。正如一位組員小蝶（化名）所說：「做香包最開心，原來枯葉都可以『廢物』利用，效果意想不到！」

2. 製作雪菜

小組亦種植了小芥菜，筆者教導組員收集數片小芥菜葉，在葉面灑上粗鹽並放入膠袋發酵數天，將之製成雪菜。一般來說，芥菜被帶回家之後便直接烹煮食用，將芥菜發酵變成另一食品則是一種轉化；將經過發酵的芥菜（即雪菜）作為另一種新食材拿來烹煮食用，變成餐桌上的新菜餚，又是另一重轉化。再者，組員在活動中學習到新知識，她們發現經常接觸的材料（芥菜），原來可以輕易地來一個「華麗轉身」，變成另一種新食材（雪菜），體驗認知上的正面轉變。有一位組員小蜜（化名）說：「從未試過整雪菜，非常開心！」而另一位組員小晴（化名）說：「新鮮事物，認識植物的特性。」

3. 壓花畫

除了使用新鮮切花之外，筆者亦要求小組組員使用種植中的香草作為材料，教導組員把花瓣及葉片壓乾，數星期後再將之製成壓花畫。組員經

常看見的鮮花是一朵朵的，把花瓣從花萼摘下變成一片片；而把生長健康的香草葉片從母株上採集，於棉紙上平放，讓大家可以從另一角度觀看植物，也是一種轉化。將壓乾的花瓣及香草葉片透過組員創意拼貼於畫紙上，變成不會凋謝、可以作為禮物的壓花畫，是利用創意帶來的另一重轉化。除此之外，組員在打開棉紙前對經壓乾的花瓣及香草葉片充滿期望，其後發現花瓣及香草葉片的形狀及顏色保留了八成，更使壓花畫色彩豐富，令組員感受到成功感及滿足感，這可以帶來情緒上的正面轉變。幾位組員分別說：「好開心，做壓花心情愉快！」「幸福和夢是我的夢想」、「好有滿足感」等等。

　　由於活動使組員開心，感到有成功感及改善了情緒，組員都說會自行在家嘗試各種園藝治療活動，相信這既可以培養出興趣，亦能夠體現園藝治療的延續性。以下是組員的回饋意見摘錄：

壓花好開心，紫色滿天星好漂亮

好開心，好有滿足感

學會互相分享感受

從未試過整雪菜和香包，非常開心

成功感

愈來愈精彩

我建造了一個開心樂園

活動室好熱鬧

非常滿意

新鮮事物，認識植物的特性

我的花園好漂亮

有講有笑

種死了，要再接再厲

檸檬核可種樹，時菜生長得很好

好開心，做壓花心情愉快

做香包最開心，原來枯葉都可以「廢物」利用，效果意想不到

幸福和夢是我的夢想

認識新朋友

領會種植的樂趣

很有趣！可以設計特別圖案，要思考，動腦筋

學到很多新知識

園藝治療師心得分享

1. 善用場地

筆者特別想一提「環境轉換」這個點子，由於機構提供兩個可打通的活動室給小組舉辦活動，但基本上一個活動室的範圍已足夠使用，另一邊是用來擺放備用物資。為了不想浪費空間，筆者在第二節便放了兩張活動桌子在另一邊位置，桌上放了當節使用的香草植物，變成一個「香草花園」（如圖）。在小遊戲、介紹香草品種及相關扦插技巧之後，筆者便安排組員拿着碟子，前往「香草花園」剪下喜歡的香草以作扦插用。組員便充滿期待地、有說有笑地去完成此任務。

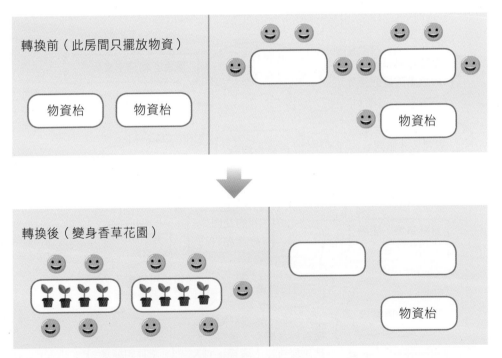

活動室變身「香草花園」

2. 增加互動

　　另外，筆者為增加趣味，於第二節「快樂來源」活動時，並沒有一開始便直接介紹各款香草，而是加入盲測遊戲：預先準備兩個黑色布袋，把遮蔽的香草逐一放入布袋中，再讓組員透過觸覺和嗅覺來猜測香草的品種（如圖）。估中的組員將獲得種子作為小禮物，以引起組員主動回應。筆者發現加入小遊戲及小禮物，組員能更投入活動中。

「盲測遊戲」需預備的物資分別有黑色或深色布袋、香草及小禮物「種子」。

3. 小組活動手冊

　　於組員個人的小組活動手冊內，除了讓組員在每節完結前記下心情及寫下感受外，亦包括了每節活動的小 tips。例如：照顧幼苗技巧、生活上可以利用的有機肥料、環保酵素製作重溫及用途、製作雪菜程序重溫等等。當然，還會有組員活動的照片，以及我對他們的感受作出的回應，可以增加他們的歸屬感和投入感。即使 8 節小組完結後，組員也可以在家不時把小組活動手冊拿出來看看，回顧活動的小 tips 及歡樂時光。

4. 面對的困難及解決方法

作為照顧者的身分，組員們的時間表都是很緊迫的。此小組的平均出席率為 86%，即每一節至少有 1 至 2 位組員缺席。雖然有 3 節的出席率是 100%，但有一節卻只得 5 位組員，馬上顯得分外冷清。其實，每一節完結前筆者會預告及簡單介紹下一節活動以引起組員興趣。若組員真的要請假，而他們又想參與活動和保持延續性，筆者會視乎組員能力，把活動所需步驟及物資等交給機構負責人，以協助組員按紙上步驟完成，在下一節再帶回小組。

B. 活動選例

第三節　跳出框框：製作檸檬環保酵素（25 分鐘）

簡介：環保酵素在香港早已興起多時，無論是社區組織，還是婦女團體，愈來愈多人對酵素產生興趣。近年，不少人在家中嘗試利用果皮，DIY 製作環保酵素：首先，把果皮、水和糖按一定比例混合，放於密封膠樽內發酵 3 個月，便會變成天然清潔劑及液體肥。環保酵素有抑制多種細菌和霉菌滋生的特性，其活性成分可以直接把污物分解成小分子，達致清潔效果。因此，環保酵素既可用來浸洗蔬果、碗碟、抹地、通渠、除菌，更可以用來施肥。

另外，記得收集檸檬核，種入花盆中，因為長出的檸檬葉片即可作香料食用，其香氣更使人精神煥發。

材料：膠水樽連蓋、檸檬、砂糖（以小碗盛載）、漏嘴、膠刀、大膠碟、新鮮及風乾檸檬葉、環保酵素成品、環保酵素製作比例及用途筆記、標籤貼紙、水筆

步驟：

1. 導師介紹檸檬種類及用途。

2. 導師介紹環保酵素用途，傳閱成品，簡述及示範環保酵素工序。

3. 組員按比例用水筆於膠水樽上畫上刻度。

製作環保酵素所需的基本物資

檸檬及新鮮檸檬葉

4. 將水和砂糖利用漏嘴倒進膠水樽，並混和。

5. 把檸檬皮及肉切成小粒放入膠水樽內，檸檬核放開備用。

6. 在標籤紙上，填寫姓名、回家「照顧」方法、製作及完成日期（約3個月）。

7. 組員把檸檬核帶回家用水浸泡，下一節帶回小組栽種。

小貼士：

- 必須選擇柑橘類果皮製成，例如橙、檸檬、西柚、柚子、柑、桔等。

- 只可以用窄口的膠樽製作（避免開蓋透氣時，太多氣體湧出把樽蓋彈開而致受傷）。

- 成功的酵素完成品是：發酵不少於3個月，沒有發霉，且不再有氣體釋出。

- 材料比例是：1份糖、10份水、3份果皮、4份空氣。

- 「照顧」方法：第1個月——每3日開蓋透氣；第2至3個月——每7日開蓋透氣。

環保酵素用途：

浸洗蔬果：1份酵素+33份水（浸30至45分鐘）

洗碗碟：2份酵素+10份水

廁所水箱／馬桶：適量

液體肥：1份酵素 + 100份水

結語：

　　仍想起當節活動完結時，無論筆者、組員或機構職員，大家都不停說：「很香呀！很香呀！」因為整個活動室都充滿着檸檬氣味，這使各人在學習新事物之餘，亦可透過香氣紓緩情緒。

　　回想當初，筆者特別為此小組安排製作環保酵素作活動之一是有原因的。首先，組員全是女性，對於減少廚餘、簡單易製、成本極低的環保酵素必定喜歡學習。最重要是看準了植物「轉化」及再造力量的特徵，讓組員在「轉換角色」成為護老者時，明白自身所載有的力量。

　　檸檬皮環保酵素的發酵過程，雖然需時 3 個月，組員其實每星期都要開蓋透氣，從中她們可以觀察檸檬皮的轉化過程，感受到如何由別人嫌棄的果皮廚餘，慢慢地變成家中有用的成品，是一種轉化。這容易讓組員代入自身的轉化過程，如何由父母的兒女變成照顧父母的兒女——「護老者」。

　　想感受一下植物帶給你什麼轉化作用？立即在家試試製作這個環保酵素吧！

第九章

長者適用之園藝工具

馮婉儀　香港園藝治療協會會長　註冊園藝治療師（AHTA）
黃達洋　註冊園藝治療師（督導）（HKATH）

　　園藝治療其中的一個目的是提升服務對象的生活品質。生活品質的其中一個重要範疇是能夠參與適合的康樂休閒活動，以獲得健康愉悅之體驗。很多長者都喜愛以園藝作為休閒娛樂，但一些長者因為健康問題，如關節退化、疼痛、體弱等，或身體上的限制，影響他們從事自己喜歡的活動。園藝治療師可透過以訂購或自製的方式準備適用之園藝工具，以減輕園藝活動期間帶來的不便，並透過適切的訓練策略，無論長者的障礙如何，都能創造一個從事園藝活動的條件。

9.1　活動修正與 ATM 概念模型

　　園藝治療其中一個很重要的元素，就是人與植物的連繫。園藝治療活動前，園藝治療師首先評估服務對象的情況和為所擬安排的園藝活動做「工序分析」，將服務對象的能力和活動工序互相配對；若有不配合的部分，便需適當地修改，盡量讓服務對象能夠親身體驗園藝治療活動。評估、工序分析和修正三者環環相扣，可以歸納為下圖所示的「ATM 概念模型」：

ATM 概念模型

評估（服務對象）
Assessment (Client)

修正
Modification

工序分析（園藝治療活動）
Task Analysis (HT Programs)

調整活動步驟

提供協助

改良式工具

評估、工序分析和修正——ATM 概念模型（馮婉儀 2014）

ATM 概念模型突出了修正活動的 3 個方向，其中之一是讓參與者使用「改良式園藝工具」。

9.2 改良式園藝工具簡介

供長者使用的改良式園藝工具就是指各種用具或工具，不論是購買、改造或特殊設計以符合長者的個別使用需要，如果能夠正確地選擇及使用，這些改良式園藝工具能補償長者身體上的限制，提升長者執行園藝活動的動力。要選擇適合不同長者的改良式園藝工具，先要理解：

長者的功能缺失的分類

- 肌肉力量限制：影響長者拿起較重的物件
- 關節活動度限制
- 手部抓握能力差
- 無法從事雙側活動
- 視力或視覺受限
- 無力或發抖
- 行動不便
- 站立困難
- 認知能力差

在使用改良式園藝工具前，園藝治療師必須先評估長者的限制和需要，再選擇或設計合適的改良式園藝工具，讓長者使用。

改良式園藝工具的設計要點

1. 配合人體工學設計
2. 省力、輕巧
3. 採用堅固耐用的物料
4. 採用舒適和防滑的手柄，可供緊握
5. 採用鮮艷的顏色，容易辨認
6. 安全

🍃 9.3 長者適用之改良式園藝工具

以下會介紹一些長者適用的改良式園藝工具，種類包括栽種用、播種用、剪刀類、防護、澆水用及花槽容器。

A. 栽種工具

在栽種的過程，使用操作簡單、安全的園藝工具，可以讓長者輕鬆享受種植過程，及園藝帶來的樂趣。

1. 改良式園藝鏟子 / 耙子

傳統的園藝鏟子 / 耙子，手柄是直的，操作時需要將上手腕肌肉拉直，緊壓下手腕，對手腕產生壓力；長期使用，有可能令到手腕勞損、手掌也可能會長出繭。改良式的鏟子 / 耙子依照人體工學而設計，手柄採用更為理想的直角設計，可以發揮槓桿原理而達致省力；手柄符合手掌的曲線，能夠提升力度和舒適度，同時盡量減少手臂和手腕所受的壓力。

延伸性的園藝鏟子 / 耙子

　　讓長者可以坐着工作，適合有彎腰困難的人士。可延伸至較長的長度，可以觸及地面或花槽的後方。符合人體工程學的手柄（圖1），以較少勞力去完成更多工作。若加裝支撐手臂附加組件，除了手和手腕外，還可使用前臂的力量。改良式的鏟子 / 耙子適合以下人士使用：

- 緊握力較弱人士
- 手腕靈活性減弱的人士，例如關節炎或腕管綜合症患者

手腕處於正常握位，沒有壓力

有緩震設計、配合人體工學的手柄

圖 1

*改良式園藝工具

*改良式園藝叉子

*加裝支撐手臂附加組件

*延伸性的園藝耙子

套在手臂的鏟子 / 耙子

（*由 Peta (UK) Ltd 提供 https://peta-uk.com/）

　　一些可以套在手臂的工具，可以防止長者因工具掉落而受傷。加裝支撐手臂附加組件，可發揮這功能。

2. 種植架連接器

　　很多時，我們會搭建一些種植支架栽種攀爬植物，以麻繩或索帶將數個支架連接一起。對於手部小肌肉欠靈活的長者，難以用繩打結或者將索帶的一端套入小孔。一些現成的連接器可以協助長者輕鬆打造攀爬支架。

三腳架連接器

　　這個簡單的連接器可以讓長者快速地建造一個三腳架來支撐攀爬植物，抗紫外線的塑料套管可以緊密固定直徑在1/4吋至1/2吋的3個竹竿。

竹竿連接器

　　三臂連接器可以製作簡單的三角形結構或組合成立方體形式；四臂連接器可以構建複雜的結構體。套管可以容納直徑從5/16吋到5/8吋的任何支架。

   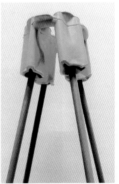

種植架連接器　　　　三腳架連接器　　　　三臂竹竿連接器　　　　四臂竹竿連接器

3. 挖洞穴工具

　　播種、扦插和移種需要在泥土中挖掘小洞穴，將種子或者植物的枝條，放進泥土中的洞穴栽種。一些挖洞穴工具可以協助長者易於抓握，能精準地挖掘出適當深度的洞穴。

挖洞器（Dibbler）

　　在泥土中製成小而深的洞，以便移種球莖及幼苗。

挖穴器

　　一種新的設計，既輕巧又防水，讓栽種者省時省力。將挖穴器插入土壤中，能精確地挖出適合植物的深度和形狀的穴孔，因此植物很容易放進穴孔中。明亮的橙色使挖穴器不易丟失。

挖洞器　　　　　　　　　　　挖穴器

花盆製造器（Pot Maker）

　　移種和移苗是園藝治療常用的園藝活動之一，長者需要將小苗由幼苗盆或穴盆或細小的花盆移出，栽種在菜田、花槽或者較大的花盆。若用力過度或者處理失妥，會弄斷小苗或根部，導致枯萎。

花盆製造器

　　部分長者視力和手部小肌肉衰退，未能掌握移種的技巧。一些可自行分解的苗盆便可解決這問題，長者只需要將小苗和苗盆一起種在泥土中，苗盆便會隨着時間自行分解。

　　除了在坊間可以購買一些可自行分解的苗盆外，也可以用報紙或再造紙自製一些可分解的環保花盆。利用「花盆製造器」，長者可以很輕鬆和快速地製造一個環保花盆。

　　「花盆製造器」包括兩個模具，上方為圓柱形、下方為圓台形。

環保花盆

材料：花盆製造器、9厘米 × 25厘米（3.5吋 ×10吋）長條狀的報紙

步驟：

1. 把長條狀報紙沿圓柱形模具捲起，將底部的報紙向內摺疊。

2. 把摺疊部分壓在圓台模具上。

3. 底部成形後，從圓柱模具脫開花盆。

4. 花盆製造器及環保花盆

加入泥土至環保花盆中，移植幼苗或直接播下種子，就可把植物連環保花盆移種至花園中。

B. 播種工具

播種是園藝治療常見的活動，有趣而且讓人充滿期盼。但對一些認知障礙或者手部小肌肉欠靈巧的人士，他們較難拿起細小的種子及將種子準確地放進泥土。筆者馮婉儀旅遊美加期間，於一些園藝公司發現一些播種工具，使用方法簡單便利，非常適合上述人士使用。

1. 播種方塊（Seeding Square）

播種方塊套裝包含 1 呎 ×1 呎的播種方塊、種植指南、播種漏斗和播種棒，非常適合兒童、長者和新手栽種者。種植方塊上有不同顏色的彩色孔，代表不同植物的種植位置和株行距，可以簡化種植過程，只需以下簡單步驟就可以將種子在方格中均勻播種，井然生長：

步驟：

1. 在種植指南上找出想栽種的種子，查看它屬於哪個顏色框，確定栽種位置。
2. 將播種方塊放在耕種的土壤中，然後用力按壓。
3. 在播種方塊上適當的彩色孔內，使用播種棒戳洞。
4. 使用種子勺子和漏斗，在每個戳洞中播種 1 至 4 粒種子。

重複上述步驟，直到完成所有播種。播種後，拿起播種方塊。輕輕地覆蓋種子和澆水。

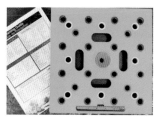

播種方塊和種植指南

播種棒、勺子和漏斗

2. 種子帶和種子圓片（Seed Tape & Seed Disc）

種子帶和種子圓片採用生物可分解材料（biodegradable materials）製造，種子已預先平均分隔排列在帶子和圓片上。種子帶較多用於農田或者大花盆，將種子帶放進淺坑中，以泥土覆蓋，然後澆水。也可以將種子帶撕成小塊，放於花盆栽種。種子圓片則用於小花盆，一般是 4 吋直徑花盆。將種子圓片平放泥土表面，並覆蓋薄薄一層泥土，並澆水。種子一邊發芽，周圍的材料則會自然分解。

一些種子帶和種子圓片包

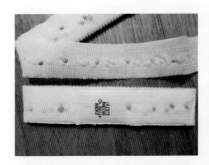

種子帶和種子圓片

● 如何製作自己的種子帶？

　　透過自行製作種子帶，我們可以輕鬆地將小種子栽植於花盆，等待種子帶發芽。在種植時，將其鋪開並用土壤覆蓋、澆水，紙條會在幾天內分解於泥土中。

材料：厠紙／廚用抹紙、小種子（例如番茄、胡蘿蔔、櫻桃蘿蔔等）、拉尺、原子筆、剪刀、粟粉／麵粉／豆粉、水、杯子、小油掃／油畫筆、鉗子／牙籤、密實膠袋

漿糊的做法：

　　用一大湯匙粟粉，加250ml冷水，拌勻，用慢火煮，一邊不停地攪拌，大約10至20分鐘，就會慢慢變成漿糊，完全冷卻後可用。

種子帶製作步驟

1. 量度及剪下所需長度的紙條。
2. 按照種子的株行距，在紙條上量度放種子的位置，並畫上記號。
3. 用小排筆或畫筆在紙條畫上記號的位置塗上漿糊，再放上種子。
4. 如果種子體積太小，可以用鉗子或用牙籤點一點漿糊，一次撿起一粒種子，然後將其放在紙條上。
5. 將放好種子的紙條，對摺或貼上另一紙條，稍微壓實，黏貼固定位置。
6. 紙帶風乾後，將其捲起並儲存在塑料袋中。註明日期並貼上標籤。

製成的漿糊

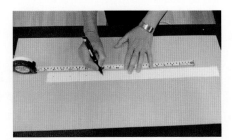

畫記號

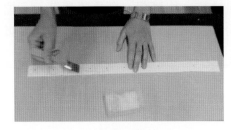

塗漿糊

放種子

覆蓋

捲起貯存

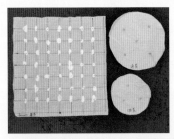

應用

自製種子帶（不同長度和形狀）

香草拼盤

這是一種現成的種子片（seed sheet），分別在不同位置栽種不同香草種子，操作簡單。播種後澆水，靜待種子發芽，生長，一個芳香四溢的香草拼盤便出現。

香草拼盤

3. 專業播種器（Pro-Seeder）

專業播種器配件及配對表

不論各種形狀和大小的種子，每次點播一粒，減少浪費種子，可減省疏苗的時間，讓我們可以輕鬆地播種，邁向專業標準。

步驟

1. 首先在「種子與顏色針配對表」中選擇正確的顏色針，並將其裝入黃銅桿。

2. 將播種器的球擠壓並完全握住，並將針尖接觸種子。

3. 釋放球內的壓力，來吸起種子。

4. 輕輕壓球，將種子鬆開放到土壤上。

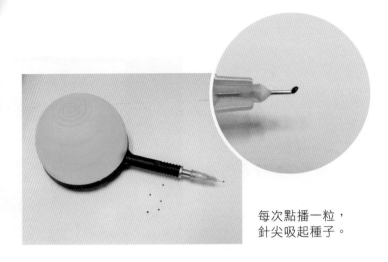

每次點播一粒，
針尖吸起種子。

4. 小種子播種器（Mini Seedmaster）

適用於播種體積比較細小的種子，例如：鳳仙、三色堇、天竺葵、蘿蔔、生菜、西紅柿、櫻桃蘿蔔等，可以直接播種於泥地、苗盆和花盆。與專業播種器一樣可達至相同效果，減少種子的消耗和疏苗的次數。用法簡單，首先按下控制桿，將種子放進控制桿的底部凹處，小心地鬆開控制桿，返回原狀。在已準備的土壤，輕輕以 45 度角推擠控制桿，每次在泥土中放出一至兩粒種子。

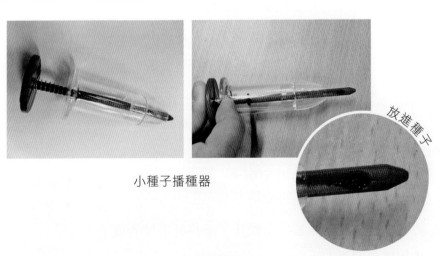

小種子播種器

放進種子

5. 種子分配勺（SupaSeeda）

種子分配勺外貌與一般園藝鏟子相似，讓我們準確及輕鬆地播種。

依照種子大小，在勺子配上合適的種子控制卡。種子控制卡一共有4款，適合不同大小的種子：非常小的種子、小到中等大小的種子、大的種子。

將種子放在勺子的寬闊部分，勺子略微向下傾斜，用拇指輕輕拉回滾花輪，種子從勺子中向前送出，精確地放置在要播種的地方。

種子分配勺及種子控制卡　　　　　　將種子放在勺子的寬闊部分

C. 剪刀

由於手部機能衰退，部分長者難於剪下植物。為了讓長者親身體驗栽種的樂趣，園藝治療師一般會採用以下措施：

- 讓長者拿着植物，由工作人員剪下。
- 工作人員拿着植物，由長者剪下或者用手摘下。
- 使用一些改良式剪刀，讓長者親自剪下植物。

以下是一些適合長者使用的改良式剪刀。

1. 棘輪型剪刀（Ratchet-Cut Pruner）

當要修剪較粗的樹枝時，使用傳統剪刀需要不少氣力，對一些體弱人士較為困難。與傳統的剪刀比較，棘輪型剪刀需要較小的力氣。棘輪採開關設計，剪刀則只有一面刀鋒。透過幅度小而不停開關的動作產生力量，可以較容易切斷厚達 3/4 吋的樹枝。所用材料亦輕巧、耐用，適合關節炎患者及手部活動能力較弱的人士。

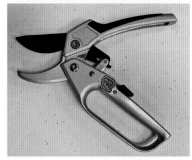

兩款棘輪型剪刀

● **棘輪型剪刀使用方法：**

1. 將刀片放至枝條，按下手柄。
2. 鬆開手柄，還原打開位置。
3. 再次按下手柄，重複操作，直到切割完畢。

2. 鉗枝剪（Cut-n-Hold Pruner）

鉗枝剪會剪下和鉗住花朵、香草和枝條，植物不會掉落在土壤中或地上。只需單手操作，剪下植物時，保持兩邊手柄合攏，鉗枝剪鉗住植物。當移到適當位置時，鬆開兩邊手柄植物便會落在該位置。適合單手使用者、切割玫瑰或其他有刺的植物。

鉗枝剪

鉗住植物

3. 易握型剪刀（Easi-Grip Scissors）

易握型剪刀摒除傳統剪刀的雙圈設計，不需套入手指，操作時便可以完全運用拇指及其餘4隻手指力量，讓握力較弱人士也能夠穩握剪刀。剪刀閉合後會自動彈開，有助省力，而且輕巧，左右手均方便使用。筆者認為此剪刀非常適合長者使用，而且它與傳統的「剪線頭」剪刀相似，是一些長者熟悉的活動和工具，能勾起往事回憶。

易握型剪刀

D. 防護工具

讓長者安全地進行園藝活動，防護工具非常重要。除了常用的如圍裙、手袖等，也可以使用一些特別設計的防護工具，例如防刺手套、護膝、護腕套等。

1. 防刺手套： 戴上該手套後，可以用手抓握有刺的植物，免於手掌受傷。手袖型的防刺手套，更可保護前臂，讓我們輕鬆地處理多刺植物。

 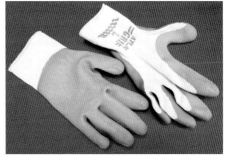

兩款防刺手套

2. 防護膝墊（Knee Pad）： 柔軟、耐用的海綿橡膠防護墊。

防護膝墊

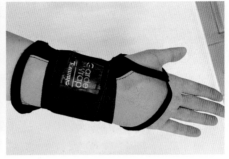

手腕套

3. 手腕套：幫助控制手腕的活動，防止手腕受到撞擊和震動。保護墊及透氣襯裏，穿戴舒適。適合關節炎、腕管綜合症患者。

4. 室內植物黏蟲板：

在室內栽種，其中一種挑戰就是蚊蟲滋生。除了避免積水外，也可以在室內盆栽插上一些室內植物專用的黏蟲板。使用方便快捷，將黏蟲貼紙撕開，將黃色的黏蟲板固定在膠棒或木棒上，之後插在盆栽。也可用膠鐵線穿過孔口，懸掛裝飾防蟲。蚊滋及其他飛行昆蟲都會被明亮的黃色所吸引。

不同形狀的黏蟲板

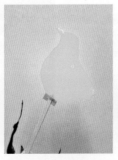

鳥形黏蟲板

黏蟲板插在室內盆栽

E. 澆水工具

澆水是長者非常喜歡的一種園藝活動。筆者在賽馬會耆智園工作時，差不多每天都和長者一起到花園澆水，其中一次的體驗十分深刻。當天下雨，筆者決定取消園藝治療小組。其中一位伯伯堅持一定要到花園。他說：「花花草草和人一樣，每天都需要飲水，否則會生病，我一定要到花園淋花。」於是筆者帶他和組員到花園，在有蓋的環迴廊逛一圈，並且一邊漫步一邊澆水。

伯伯非常享受澆水的樂趣

由於澆水器、澆水壺或者水樽有一定的重量，但部分長者手部機能衰弱，難於拿起澆水，所以園藝治療師要控制水的分量，盡量讓長者可以拿起澆水。除了考慮重量的因素，長者也可能未能操作一些傳統澆水工具，一些改良式澆水工具便可大派用場。

1. 多功能噴水器

噴水器以軟膠製作，易於抓握。將噴水器注水，握住並擠壓，便可澆灌植物。除了澆水外，也可用於除塵。

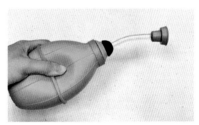

多功能噴水器

2. 長杆水槍園藝澆花噴頭

在戶外花園澆水，長者面對一些挑戰。一般水喉質地比較軟，難於抓握；而且要到水龍頭位置開關水源，非常不便。長杆水槍園藝澆花噴頭可解決以上難題，它採用長杆水槍型及防滑膠

長杆水槍園藝澆花噴頭

手柄，易於抓握。一個推桿可以操控開
關、水量大小，同時可以持續出水，長
者不用往返水龍頭開關水源。

3. 不同形狀的澆水花灑頭：

可裝配在一般膠水瓶，頓時變成澆
水器。經濟方便，支持環保。

澆水花灑頭

F. 高架式花槽 / 容器

一般長者難於蹲下栽種，一些高架式花槽和容器，讓長者可以坐着或
者站着栽種，體驗栽種的樂趣。

高架式花槽

可摺疊式高架式花槽

高架式容器

大型容器

9.4 自製改良式園藝工具

改良式園藝工具的種類繁多，為長者挑選合適的工具也是園藝治療師專業展示的表現，但如遇到工具難於購買，或價格高昂，就需要自製合適的改良工具。長者在室內或戶外環境從事的園藝活動各有不同，所需要的能力也有差別，例如挖泥、栽種、澆水、修剪、收割等。

針對長者在園藝活動上，因功能障礙作分類提供改良式園藝工具的考慮，以補償在執行活動時的不足，從而獲得最大的獨立執行機會，以下會介紹改良式園藝工具的用途和製作方式。大家可以看到，只要花點心思和時間，利用簡單和廉宜的材料，我們也可以自製多樣化的改良式園藝工具。

A. 播種活動

播種是園藝治療常見的活動，有趣而且充滿期盼，但由於種子大小不一，且每種種子有其播種方式，在認知和精細動作上有一定需求。

1. 播種器

對於認知障礙、手部精細動作差、手震的長者，難以將種子放在正確位置上，如果使用加大抓握的器具，有助將不同大小的種子送到想要放進的位置上。

材料：香料瓶或牙籤瓶（瓶蓋有大孔和小孔的款式）、透明膠紙

步驟：

1. 清潔瓶及瓶蓋。
2. 使用透明膠紙將瓶蓋的小孔封住。
3. 依照播種種子數量保留 1 至 2 個小孔。
4. 放入種子，便可以使用。

播種器製作材料

用透明膠紙封住小孔　　　　　　以自製播種器播種

2. 挖穴器

　　播種時必須做出不同深度的孔穴，如太深或太淺會影響種子的發芽率，但長者因手震影響手部穩定度，挖穴時會做出深度不一的穴，運用有刻度的器具就能協助長者較準確挖穴。

材料：冰棒模具或木雪條棒、油性顏料

步驟：

1. 運用間尺，以每 1 厘米深度量度，在棒上畫上標記，可畫 3 至 5 厘米。
2. 每 1 厘米以一種顏色作記號，如紅色為 1 厘米、藍色為 2 厘米等。
3. 按已訂顏色代號，把顏料塗在已畫標記的棒上。
4. 使用時，就以種子大小所需的深度插入泥土。

在木棒以顏色作標記　　　　　　挖穴器

B. 翻土 / 挖泥

　　園藝活動中除了植物，最常接觸的便是泥土了，如處理家中的小盆栽，或到戶外從事農耕等，整理泥土會用上不同的工具，例如泥鏟、耙等，長者往往因肌肉力量較弱，或關節受限的問題影響獨立操作。

1. 加大手柄泥鏟

　　翻土、挖泥時對手部肌肉力量和動作需求大，如長者患有關節炎或手部關節活動限制，執行上有一定困難，因此，省力及減少動作需求的器具能協助執行活動。

材料：泥鏟或不銹鋼匙、海綿或軟膠、雙面膠紙

步驟：

1. 先選擇適用的鏟泥器具，如不銹鋼匙、鋼鏟等。
2. 量度手柄長度和闊度。
3. 按長度和闊度剪裁海綿或軟膠。
4. 在手柄貼上雙面膠紙。
5. 然後把已剪裁的海綿或軟膠貼上手柄，增加抓握性和舒適度，這樣有助長者執行活動。

加大手柄製作材料

按長度在手柄貼上
海綿

加大手柄泥鏟

2. 延伸性泥鏟、泥耙

　　到戶外花槽翻土、挖泥等活動時，需要蹲下和彎腰等，如長者下肢和軀幹力量不足，就影響執行，因此，使用具延伸性的改良式工具，就可解決此問題。

材料：泥鏟或泥耙、長膠管或木棒、海綿、索帶、雙面膠紙

步驟：

1. 先選擇適用的短鋼鏟或泥耙。
2. 選擇長約 1 米的膠管或木棒。
3. 用索帶或繩子將工具固定於膠管或木棒的一端。
4. 完成後，在膠管或木棒的另一端貼上已剪裁好的海綿。
5. 在已貼海綿一端往下量度 30 至 40 厘米，再貼上海綿，以作雙手操作時的握手柄。

延伸性泥鏟製作材料

延伸性泥鏟

C. 栽種

園藝治療講求的是人與植物的連結，因此在帶領長者活動時，多會加入不同的植物栽種活動，種植活動多樣，所需的工具也多，可以自製不同的工具以協助種植活動。

1. 扦插測量器

扦插是繁殖活動常會執行的一項，但對於有認知障礙的長者，會出現對植株長度的混淆，如給予輔助量度的工具，這樣便可獨立操作。

材料： 透明膠片、剪刀或剝刀、油性箱頭筆、間尺

步驟：

1. 準備一幅透明膠片。
2. 從膠片中剪出 15 厘米 × 20 厘米的長方形。
3. 將短邊 15 厘米向內捲，捲成兩端約為 6 厘米直徑的中空圓筒：

4. 以釘書釘把兩端固定。
5. 在其中一端開口處塗上顏色。
6. 從沒有塗顏色一端開始量度 10 厘米，並以箱頭筆在膠片外畫線。
7. 教導以沒塗顏色一端套入植株至標示，並剪出植株。

捲成圓筒後以釘書機　　以顏色作開口標記　　扦插測量器
固定兩端　　　　　　　和刻度

2. 花盆固定墊

有部分長者因中風等疾病影響雙側協調，甚至變成單手操作，在執行栽種活動時容易使花盆等容器傾倒，如果能固定花盆，就可以獨立以單手操作。

以下介紹兩個方法，需要先按花盆的大小，準備一隻足夠闊和深的膠碟作為底碟。

方法一：在底碟貼上大石春以圍起花盆

材料：闊膠碟、石春、雙面膠紙（厚）、花盆

步驟：

1. 量度花盆底的直徑。
2. 以該直徑在底碟內中間畫一圓圈。
3. 在沒有畫圈的周圍貼上雙面膠紙。
4. 把石春貼在雙面膠紙上。
5. 再把花盆放正中央位置即可。

材料

貼上石春

把花盆放正中央使用

方法二：以萬用膠將底碟貼實至桌上，再以萬用膠將花盆貼實到底碟。

材料：闊膠碟、萬用膠（約 10 片）、花盆

步驟：

1. 在底碟內和底部各貼上 5 片萬用膠。

2. 利用萬用膠將底碟固定於桌上。

3. 再用萬用膠將花盆固定於底碟內。

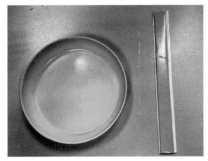
材料

膠碟底貼上萬用膠再貼實
至桌上

以萬用膠將花盆
固定於膠碟內

257

D. 澆水

自製澆水器

澆水運用到上肢及手部的肌肉力量，如果提不起水壺或抓握能力欠佳，大大影響澆水的品質，但原來澆水也可以設計不同的工具作輔助，以下介紹其中兩種方法。

方法一：以海綿澆水

材料： 一塊約 3 × 6 × 12 立方厘米的海綿，一個直徑約 15 厘米、深約 8 至 10 厘米的盛水容器

步驟：

1. 盛水至容器的一半高。

2. 將海綿放入容器中吸水。

3. 拿起海綿放至需澆水的盆栽，以手擠壓海綿讓水流出即可，使用時可重複吸水、放水數遍。

材料　　　　　　　　　　以海綿澆水

方法二：自製花灑頭澆水瓶

材料： 一個軟身膠樽、直徑 3 毫米十字螺絲批

步驟：

1. 拿起瓶蓋，以螺絲批在蓋中鑽 4 至 5 個孔。

2. 把水注入膠樽內，並蓋上瓶蓋。

3. 以瓶蓋方向對着需澆水的花盆，以手握緊瓶身讓水流出。

鑽孔　　　　　　　　　　澆水

🍃9.5 結論

　　筆者到海外參加園藝治療會議和交流活動時，常會探訪不少相關機構和治療性庭園，當然少不了逛逛當地的園藝公司。這是我最期待的其中一項行程，除了欣賞花卉植物外，又可以了解一些新款裝飾品，當然少不了蒐羅不同款式的改良式園藝工具。

　　在園藝治療訓練課程中，筆者就會展示這些工具介紹給學生認識。另外一些則儲存在筆者辦公室作參考之用。雖然這些工具體積不小，而且重量也不輕，要帶去課室並不輕鬆，但筆者樂在其中，十分享受學習和分享的樂趣；也希望更多同學和園藝治療同道能夠使用改良式園藝工具，不論是購買或自製，讓更多有需要的人士，親自體驗園藝活動，種出身心好健康。

參考資料

第一章 概論 —— 園藝治療應用於長者

1. 馮婉儀 (2014)。園藝治療 —— 種出身心好健康。香港：明窗。

2. 馮婉儀主編 (2015)。園藝治療理念與應用論文選集。香港園藝治療協會。

3. Claudia K.Y. Lai, Rick Y.C. Kwan, Shirley K.L. Lo, Connie Y.Y. Fung, Jordan K.H. Lau, Mimi M.Y. Tse (2018). Effects of Horticulture on Frail and Prefrail Nursing Home Residents: A Randomized Controlled Trial. *The Journal of Post-Acute and Long-Term Care Medicine, 19*(8): 696-702.

4. 賴錦玉、關耀祖、盧嘉麗、謝敏儀、劉國雄 (2017)。「園藝治療對院舍體弱長者的幫助研究計劃」摘要。發表於探討園藝治療對院舍體弱長者的幫助分享會。香港：博愛醫院。

5. 賴錦玉、關耀祖、盧嘉麗、謝敏儀、馮婉儀、劉國雄 (2017)。園藝治療對體弱長者之效益。演說簡報發表於探討園藝治療對院舍體弱長者的幫助分享會。香港：博愛醫院。

6. Rick Yiu Cho Kwan, Claudia Kam Yuk Lai & Connie Yuen Yee Fung (2010). Horticulture Therapy (HT) For Residents With Dementia In a Nursing Home: a pilot study. 14th East Asian Forum of Nursing Scholars (EAFONS). Seoul, Korea.

7. Susan Rodiek & Benyamin Schwarz. 2006. *The Role of the Outdoors in Residential Environments for Aging*. New York: Routledge.

8. American Horticultural Therapy Association (2020). *Therapeutic Gardens Characteristics*. Retrieved March 21, 2020 from https://www.ahta.org/ahta-definitions-and-positions

9. American Horticultural Therapy Association (2020). *Therapeutic Gardens Characteristics*. Retrieved March 21, 2020 from https://www.ahta.org/assets/docs/therapeuticgardencharacteristics_ahtareprintpermission.pdf

10. *Guelph Enabling Garden* (2020). Retrieved March 23, 2020 from http://www.enablinggarden.org

11. 賽馬會耆智園 (2020). Retrieved March 24, 2020 from http://www.jccpa.org.hk

第二章 園藝治療與生死教育

1. 馮婉儀 (2014)。園藝治療 — 種出身心好健康。香港：明窗。

2. 馮婉儀主編 (2015)。園藝治療理念與應用論文選集。香港園藝治療協會

3. 馮婉儀 (2017)。運用園藝治療於醫療服務之香港經驗。第三屆華人地區醫務社會工作國際研討會「跨域。合作。融合 建構 健康照護與醫務社會工作新思維」。台北，台灣。

4. Bertman, S. L. (2016). *Facing Death: Images, Insights, and Interventions: a Handbook for Educators, Healthcare Professionals, and Counselors*. Taylor & Francis.

5. Charles A. Lewis (1996). *Green Nature/Human Nature: The Meaning of Plants in Our Lives*. Urbana and Chicago: University of Illinois Press.

6. Ebrahimi, B., Hosseini, M., & Rashedi, V. (2018). The Relationship between Social Support and Death Anxiety among the Elderly. *Elderly Health Journal, 4*(2), 37-42.

7. Gray, D. J. P., Sidaway-Lee, K., White, E., Thorne, A., & Evans, P. H. (2018). Continuity of care with doctors—a matter of life and death? A systematic review of continuity of care and mortality. *BMJ open, 8*(6), e021161.

8. Lai, C. K. Y., Lau, C. K. Y., Kan, W. Y., Lam, W. M., & Fung, C. Y. Y. (2017). The Effect of Horticultural Therapy on the Quality of Life of Palliative Care Patients. *Journal of Psychosocial Oncology, 35*(3), 278-291.

9. Lam Wai Man (2014). The Effect of Horticultural *Therapy on the Quality of Life of Chinese Cancer Patients in a Palliative Care Ward*. The 10th International Conference on Grief and Bereavement in Contemporary Society. Hong Kong.

10. MacKenzie, A. R., & Lasota, M. (2020). Bringing Life to Death: The Need for Honest, Compassionate, and Effective End-of-Life Conversations. *American Society of Clinical Oncology Educational Book*, 40, 1-9.

11. Marcus C. & Barnes M. (1999). Healing Gardens: *Therapeutic Benefits and Design Recommendations*. New York: John Wiley & Sons.

12. Sonja Linden, Jenny Grut (2002). The Healing Fields: *Working with Psychotherapy and Nature to Rebuild Shattered Lives*. London: Frances Lincoln Limited.

13. *The Old Farmer's Almanac: The Gift of Gardening* (2018). South Portland, ME: Sellers Publishing, Inc.

14. 剪不斷，理還亂，是離愁。別是一般滋味在心頭。2020 年 4 月 6 日擷取自 https://kknews.cc/culture/qqlnb.html

第三章　園藝治療應用於長者情緒健康

1. 馮婉儀（2014）。園藝治療 — 種出身心好健康。香港：明窗。

2. 馮婉儀主編（2015）。園藝治療理念與應用論文選集。香港園藝治療協會。

3. 馮婉儀（2017）。運用園藝治療於香港安老服務之經驗。「偏鄉長者照顧與多元輔療」國際研討暨成果發表會。台北，台灣。

4. 基督教香港信義會社會服務部（2017）。園藝治療服務 10 年足印 @ 信義會。

5. 基督教香港信義會社會服務部（2009）。創新治療全攻略。

6. 澳門弱智人士家長協進會（2016）。第十九屆賣旗籌款記者招待會理事長致感謝詞。

7. 維基百科，晴天娃娃，2020 年 5 月 20 日擷取自 http://zh.wikipedia.org/zh-hk/ 晴天娃娃

8. American Horticultural Therapy Association. A*HTA definitions and positions paper*. Retrieved April 4, 2020 from https://www.ahta.org/ahta-definitions-and-positions.

9. American Psychiatric Association. *Diagnostic and Statistical Manual of Mental Disorders*. 5th ed. Arlington, VA: American Psychiatric Publishing; 2013.

10. Census and Statistics Department (2017). Hong Kong population projections for 2017 to 2066. *Hong Kong Monthly Digest of Statistics*, (November), https://www.statistics.gov.hk/pub/B71710FA2017XXXXB0100.pdf

11. Chu, H. Y., Chen, M. F., Tsai, C. C., Chan, H. S., & Wu, T. L. (2019). Efficacy of a horticultural activity program for reducing depression and loneliness in older residents of nursing homes in Taiwan. *Geriatric Nursing*, *40*(4), 386-391.

12. LeDoux, J. (2007). The amygdala. *Current biology, 17*(20), R868-R874.

13. Nicholas, S. O., Giang, A. T., & Yap, P. L. (2019). The Effectiveness of Horticultural Therapy on Older Adults: A Systematic Review. *Journal of the American Medical Directors Association, 20*(10), 1351.e1-1351.e11.

14. Phelps, E. A., & LeDoux, J. E. (2005). Contributions of the amygdala to emotion processing: from animal models to human behavior. *Neuron, 48*(2), 175-187.

15. Wikipedia. Perceived Stress Scale. Retrieved May 20, 2020 from https://en.wikipedia.org/wiki/Perceived_Stress_Scale

16. 凌俊賢（二零一九，七月三十一日），日本厚生勞動省 - 港人全球最長壽 — 蟬聯世界第一，香港 01。2020 年 4 月 26 日擷取自 https://www.hk01.com/ 世界說 /358432/ 日本厚生勞動省 - 港人全球最長壽 - 蟬聯世界第一

17. 曾凱欣（二零一九，七月二十七日），長者自殺數字持續高企 — 防止自殺會 — 望喚起大眾關注問題，香港 01。2020 年 4 月 26 日擷取自 https://www.hk01.com/ 社會新聞 /356929/ 長者自殺數字持續高企 - 防止自殺會 - 望喚起大眾關注問題

18. 廖潔然（二零一八，一月三十日），周報 - 長者自殺率高 - 義診者醫人又醫心 - 助增生存動力，香港 01。2020 年 4 月 26 日擷取自 https://www.hk01.com/ 社會新聞 /154288/01 周報 - 長者自殺率高 - 義診者醫人又醫心 - 助增生存動力

19. Mizuno-Matsumoto, Y., Kobashi, S., Hata, Y., Ishikawa, O., & Asano, F. (2008). Horticultural therapy has beneficial effects on brain functions in cerebrovascular diseases. *International journal of intelligent computing in medical sciences & image processing, 2*(3), 169-182.

20. Kraus, C., Castrén, E., Kasper, S., & Lanzenberger, R. (2017). Serotonin and neuroplasticity—links between molecular, functional and structural pathophysiology in depression. *Neuroscience & Biobehavioral Reviews, 77,* 317-326.

21. Grace, A. A. (2016). Dysregulation of the dopamine system in the pathophysiology of schizophrenia and depression. *Nature Reviews Neuroscience, 17*(8), 524.

22. Marshe, V. S., Maciukiewicz, M., Rej, S., Tiwari, A. K., Sibille, E., Blumberger, D. M., ... & Mulsant, B. H. (2017). Norepinephrine transporter gene variants and remission from depression with venlafaxine treatment in older adults. *American Journal of Psychiatry, 174*(5), 468-475.

23. Moriguchi, S., Yamada, M., Takano, H., Nagashima, T., Takahata, K., Yokokawa, K., ... & Mimura, M. (2017). Norepinephrine transporter in major depressive disorder: a PET study. *American Journal of Psychiatry, 174*(1), 36-41.

24. Blier, P. (2016). Neurobiology of depression and mechanism of action of depression treatments. *J. Clin. Psychiatry, 77*(e319).

25. Leaver, A. M., Yang, H., Siddarth, P., Vlasova, R. M., Krause, B., Cyr, N. S., ... & Lavretsky, H. (2018). Resilience and amygdala function in older healthy and depressed adults. *Journal of affective disorders, 237,* 27-34.

第四章 園藝治療與社區長者

1. 香港特別行政區政府衛生署長者健康服務網站（老化過程）。2020 年 2 月 14 日擷取自 https://www.elderly.gov.hk/tc_chi/healthy_ageing/normal_ageing/ageing.html

2. 香港特別行政區政府社會福利署。長者社區支援服務。2020 年 2 月 14 日擷取自 https://www.swd.gov.hk/tc/index/site_pubsvc/page_elderly/sub_csselderly/id_introduction/

3. 鍾錫熙長洲安老院有限公司長者日間護理中心（服務簡介）。2020 年 2 月 14 日擷取自 http://www.cshcc.org.hk/index.php/zh/service-level/de/de-service-intro

4. DailyCaring website (5 Ways to Improve Quality of Life for Seniors)。2020 年 2 月 14 日 擷 取 自 https://dailycaring.com/5-ways-to-improve-quality-of-life-for-seniors/

第五章 園藝治療與院舍長者

1. 馮婉儀 (2014)。園藝治療 — 種出身心好健康。香港：明窗。

2. 劉剛、馮婉儀 (2019)。園藝康復治療技術。廣州：華南理工大學。

3. 香港中文大學那打素護理學院「流金頌」培訓計劃 — 長者的心社靈照顧 非正規及家庭照顧者培訓工作坊三 促進長者心靈健康有妙法 第五節：提升長者靈性健康的方法 PPT 內容。2019 年 11 月 28 日擷取自 http://www.cadenza.hk/training/pdf/ws/CTP002_cur3_ws3_s5.pdf

4. 香港大學秀圃老年研究中心。2019 年 11 月 28 日擷取自 http://ageing.hku.hk/en/Knowledge_Exchange/KEProjects/vasi-02

5. 香港衛生署長者健康服務網站。協助長者適應院舍生活。2019 年 11 月 28 日擷取自 https://www.elderly.gov.hk/tc_chi/service_providers/helping_elders.html

6. 維基百科。年輪條目。2019 年 11 月 20 日擷取自 https://zh.wikipedia.org/zh-tw/年輪

7. 維基百科。三角紫葉酢漿草條目。2019 年 11 月 20 日擷取自 https://zh.wikipedia.org/zh-tw/ 三角紫叶酢漿草

8. 大自然。空氣草 AIRPLANT。2019 年 11 月 28 日擷取自 http://nt-hk.com/airplant.html

第六章 園藝治療與體弱長者

1. 香港特別行政區政府政府統計處。2017 年至 2066 年香港人口推算。2020 年 4 月 26 日擷取自 https://www.statistics.gov.hk/pub/B71710FA2017XXXXB0100.pdf

2. 香港特別行政區政府政府統計處。按年齡組別及性別劃分的年中人口。2020 年 4 月 26 日 擷 取 自 https://www.censtatd.gov.hk/hkstat/sub/gender/demographic/index_tc.jsp

3. 聯合國經濟及社會事務處。人口老化。2020 年 4 月 26 日擷取自 http://www.un.org/esa/socdev/ageing/index.html

4. 香港特別行政區政府政府統計處。2020 年 1 月人口統計。2020 年 4 月 26 日擷取自 https://www.censtatd.gov.hk/hkstat/sub/so20_tc.jsp

5. 香港特別行政區政府教育局。健康和關懷社會議題－人口老化（香港）。2020 年 4 月 26 日擷取自 https://www.edb.gov.hk/attachment/tc/curriculum-development/kla/technology-edu/resources/hmsc/HMSC_Booklet15A_C_p36.pdf

6. 維基百科。需求層次理論。2020 年 4 月 26 日擷取自 https://zh.wikipedia.org/wiki/ 需求層次理論

7. 賴錦玉、關耀祖、盧嘉麗、謝敏儀、劉國雄 (2017)。「園藝治療對院舍體弱長者的幫助研究計劃」摘要。發表於探討園藝治療對院舍體弱長者的幫助分享會。香港：博愛醫院。

第七章 園藝治療與認知障礙症長者

1. American Psychiatric Association. (2013). *Diagnostic and Statistical Manual of Mental Disorders*, 5th ed. Arlington, VA: American Psychiatric Publishing.

2. Ballard, C. G., O'Brien, J., James, I., & Swann, A. (2003). Dementia: management of behavioural and psychological symptoms. *Nordic Journal of Psychiatry, 57*(2), 159-160.

3. Blake M, Mitchell G (2016) Horticultural therapy in dementia care: a literature review. *Nursing Standard, 30*(21), 41-47.

4. Census and Statistics Department. (2017). Hong Kong population projections for 2017 to 2066. *Hong Kong Monthly Digest of Statistics*, (November), FA1—FA12. https://www.statistics.gov.hk/pub/B71710FA2017XXXXB0100.pdf

5.   Chan, J. Y., Yiu, K. K., Kwok, T. C., Wong, S. Y., & Tsoi, K. K. (2019). Depression and antidepressants as potential risk factors in dementia: A systematic review and meta-analysis of 18 longitudinal studies. *Journal of the American Medical Directors Association, 20*(3), 279-286

6.   Cui, Y., Shen, M., Ma, Y., & Wen, S. W. (2017). Senses make sense: An individualized multisensory stimulation for dementia. *Medical hypotheses, 98*, 11-14.

7.   D'Andrea, S. J., Batavia, M., & Sasson, N. (2007). Effect of Horticultural Therapy on Preventing the Decline of Mental Abilities of Patients with Alzheimer's Type Dementia. *Journal of Therapeutic Horticulture, 18*, 9-13

8.   Giebel, C. M., Sutcliffe, C., & Challis, D. (2015). Activities of daily living and quality of life across different stages of dementia: a UK study. *Aging & Mental Health, 19*(1), 63-71.

9.   Gigliotti, C. M., Jarrott, S. E., & Yorgason, J. (2004). Harvesting Health: Effects of Three Types of Horticultural Therapy Activities for Persons with Dementia. *Dementia, 3*(2), 161—180. https://doi.org/10.1177/1471301204042335

10.   Gonzalez, M. T., & Kirkevold, M. (2014). Benefits of sensory garden and horticultural activities in dementia care: a modified scoping review. *Journal of Clinical Nursing, 23*(19-20), 2698-2715.

11.   Gulyaeva, N. V. (2019). Functional neurochemistry of the ventral and dorsal hippocampus: stress, depression, dementia and remote hippocampal damage. *Neurochemical research, 44*(6), 1306-1322.

12.   Hall, J., Mitchell, G., Webber, C., & Johnson, K. (2018). Effect of horticultural therapy on wellbeing among dementia day care programme participants: A mixed-methods study (Innovative Practice). *Dementia, 17*(5), 611-620.

13.   Hogervorst, E., Oliveira, D., & Brayne, C. (2018). Lifestyle factors and dementia: Smoking, exercise and diet. In *New Developments in Dementia Prevention Research* (pp. 29-46). Routledge.

14.   Kales, H. C., Gitlin, L. N., & Lyketsos, C. G. (2015). Assessment and management of behavioral and psychological symptoms of dementia. *Bmj, 350*, h369.

15.   Lin, L. J., & Yen, H. Y. (2018). Efficacy of Reminiscence Therapy on Cognitive Functioning in Older Adults : A Horticultural Life Review Program. *Topics in Geriatric Rehabilitation, 34*(2), 112-117.

16. McEwen, B. S., & Rasgon, N. L. (2018). The brain and body on stress : allostatic load and mechanisms for depression and dementia. *Depression As a Systemic Illness*, 14-16.

17. Tonga, J. B., Eilertsen, D. E., Solem, I. K. L., Arnevik, E. A., Korsnes, M. S., & Ulstein, I. D. (2020). Effect of Self-Efficacy on Quality of Life in People With Mild Cognitive Impairment and Mild Dementia: The Mediating Roles of Depression and Anxiety. *American Journal of Alzheimer's Disease & Other Dementias, 35,* 1533317519885264.

18. Yu, H., Gao, C., Zhang, Y., He, R., Zhou, L., & Liang, R. (2017). Trajectories of health-related quality of life during the natural history of dementia: a six-wave longitudinal study. *International journal of geriatric psychiatry, 32*(9), 940-948.

19. 馮婉儀 (2014)。園藝治療 ── 種出身心好健康。香港：明窗。

第八章 園藝治療與照顧者

1. 馮婉儀 (2015)。園藝治療 ── 種出身心好健康。香港：明窗。

2. Charles A. Lewis (2008)。園藝治療入門。台灣：洪葉文化。

3. 米契爾修森 Mitchell L. Hewson (2009)。植物的療癒力量：園藝治療實作指南。台灣：心靈工坊。

4. Rebecca L. Haller and Christine L. Capra (2017). *Horticultural Therapy Methods*. Boca Raton, FL: CRC Press

5. 大人雜誌 ── 香港第一本照顧者雜誌 (2018 年 10 月)。第 13 期。香港夾心照顧者 ── 中年‧中產‧高學歷。香港：大銀力量有限公司。

6. 香港政府統計處網站。統計報告。2019 年 8 月 30 日擷取自 https://www.censtatd. gov.hk/hkstat/sub/sp160_tc.jsp?productCode=C0000071

7. 施加恩 (2013 年 7 月)：為了愛你，我也記得愛自己 ── 照顧者也需要被照顧。台灣巴金森之友 2013/7。2019 年 8 月 30 日擷取自 http://www.pdcenterntuh.org.tw/UpLoad/F122015012716091819.pdf

8. Laura DePrado (2016, Feb) *United Way Caregivers Coalition learn about horticultural therapy*. My Central Jersey. Retrieved 28 Aug 2019 from https://www.mycentraljersey.com/story/news/local/how-we-live/2016/02/15/united-way-caregivers-coalition-horticultural-therapy/79705066/

9. Carer Gateway - Australian Government (Retrieved 29 Aug 2019) *About Carers* https://www.carergateway.gov.au/about-carers

10. Carer Recognition Act 2010 - Australian Government (Retrieved 29 Aug 2019) https://www.legislation.gov.au/Details/C2010A00123

11. The Zarit Burden Interview (Retrieved 4 Sep 2019) http://dementiapathways. ie/_filecache/edd/c3c/89-zarit_burden_ interview.pdf

12. Lauren G. Collins, MD; and Kristine Swartz, MD; Jefferson Medical College, Thomas Jefferson University, Philadelphia, Pennsylvania, US (1 Jun 2011) *Caregiver Care*. American Family Physician. Retrieved 5 Sep 2019 from https:// www.aafp.org/afp/2011/0601/p1309.html

13. Prabook, Rachel Kaplan (Retrieved 18 Sep 2019) https://prabook.com/web/ rachel.kaplan/1705391

14. Wikipedia, Rachel and Stephen Kaplan. Retrieved 18 Sep 2019 from https:// en.wikipedia.org/wiki/Rachel_and_Stephen_Kaplan#Rachel_Kaplan

15. Rebecca A. Clay (2011, Apr) Green is good for you. *Monitor on Psychology* Vol 32 No. 4. American Psychological Association. Retrieved 18 Sep 2019 from https:// www.apa.org/monitor/apr01/greengood

16. Matthew Wichrowski, HTR; Jonathan Whiteson, MD; Francois Haas, PhD; Ana Mola, RN, ANP; Mariano J. Rey, MD (2005) Effects of Horticultural Therapy on Mood and Heart Rate in Patients Participating in an Inpatient Cardiopulmonary Rehabilitation Program. *Journal of Cardiopulmonary Rehabilitation* 2005;25:270-274. Retrieved 19 Sep 2019, from https://www. psychologytoday.com/sites/default/files/attachments/102855/effects-ht-cardiac-pts.pdf

17. Gonzalez M.T., Hartig T., Patil G.G., Martinsen E.W. and Kirkevold M. (2010) Therapeutic horticulture in clinical depression: a prospective study of active components. *Journal of Advanced Nursing 66*(9), 2002-2013. Retrieved 19 Sep 2019 from https://onlinelibrary.wiley.com/doi/full/10.1111/j.1365-2648.2010.05383.x

18. History of Horticultural Therapy. *American Horticultural Therapy Association* (Retrieved 20 Sep 2019) https://www.ahta.org/history-of-horticultural-therapy

第九章 長者適用之園藝工具

1. 馮婉儀 (2014)。園藝治療 — 種出身心好健康。香港：明窗。

2. 馮婉儀主編 (2015)。園藝治療理念與應用論文選集。香港園藝治療協會。

3. Patty Cassidy (2011). *Gardening for Seniors*. Leicestershire: Anness Publishing Ltd

4. Adil Janeen R. (1994). *Accessible Gardening for People with Disabilities: A Guide to Methods, Tools and Plants*. Bethesda, MD: Woodbine House

5. Joann Woy, 1997. *Accessible Gardening: tips & techniques for seniors & the disabled*. Mechanicsburg, PA: Stackpole Books

6. Lee Valley *Home and Garden* 2018

7. Garden Tools. Retrieved March 21, 2020 from https://peta-uk.com/product-category/garden-tools/

8. Buettner, L. L. (1988). Utilizing developmental theory and adaptive equipment with regressed geriatric patients in therapeutic recreation. *Therapeutic Recreation Journal, 22*(3), 72-79.

9. Cook, A. M., & Hussey, S. M. (1996). Electronic assistive technologies in occupational therapy practice. *Occupational therapy practice skills for physical dysfunction*, 4, 527-539.

10. 長照輔具。2020 年 3 月 21 日擷取自 http://ha.asia.edu.tw/ezfiles/8/1008/img/732/153214093.pdf

鳴謝 （排名不分先後）

Paula Diane Relf, Professor Emeritus
Matthew J. Wichrowski, Clinical Assistant Professor
Mitchell L. Hewson, HTM LT RAHP
曹幸之　副教授退休
賽馬會耆智園
明愛康復服務 Caritas Rehabilitation Service
基督教香港信義會社會服務部
鍾錫熙長洲安老院有限公司
菩提長者綜合服務中心
伸手助人協會畢尚華神父護老頤養院
基督教香港崇真會福康頤樂天地
Peta (UK) Ltd
港生有機農莊
聖雅各福群會延續教育中心
澳門園藝治療協會 MHTA
香港園藝治療協會 HKATH
劉遠章先生
林紫韻小姐 — 心腦歷情協會
吳婉儀女士 — 信義會「生命花園」計劃主任
朱月初女士
李紀庭先生
張建倫先生
盧苗而小姐

研究項目合作伙伴：

賴錦玉名譽教授　　　　關耀祖博士　　　　盧嘉麗博士
謝敏儀博士　　　　　　梁國源先生　　　　劉國雄先生
林偉民醫生　　　　　　高寶珊女士　　　　陳麗娥女士
簡偉賢先生　　　　　　Carmen Ka-Yan Lau 女士
香港理工大學護理學院老年護理研究中心
博愛醫院社會服務部
靈實醫院紓緩治療病房

園藝治療與長者服務
——種出身心好健康

編　　　　著：馮婉儀　郭翰琛

責 任 編 輯：彭 月

封 面 設 計：簡雋盈

美 術 設 計：Young

出　　　　版：明窗出版社

發　　　　行：明報出版社有限公司

香港柴灣嘉業街 18 號

明報工業中心 A 座 15 樓

電　　　　話：2595 3215

傳　　　　真：2898 2646

網　　　　址：http://books.mingpao.com/

電 子 郵 箱：mpp@mingpao.com

版　　　　次：二〇二〇年六月初版

I　S　B　N：978-988-8526-39-0

承　　　　印：美雅印刷製本有限公司